学び、 つながり、 伝え合う

小学校英語

アクティビティ集

金森 強・遠藤恵利子 著

教育出版

はじめに

　2020年から高学年の「外国語科」が始まりましたが、小学生が初めて外国語・外国文化に出会うのは、中学年の「外国語活動」の時間です。ご存知のように「外国語活動」は「外国語科」と異なる目標が置かれています。特に、高学年、中学校へと続く外国語学習への動機づけの機会として捉えると、その在り方は大変重要だと言えるでしょう。

　言語やその背景にある文化に対する理解を深め、相手に配慮をしながら、主体的に外国語を用いてコミュニケーションを図ろうとする態度を養うためには、実際に自分の想いや考えを表現し合う体験的な学びが求められます。そのような活動を通して、日本語と外国語との音声の違い等に気づきながら、基本的な表現に慣れ親しむことが期待されるからです。学びを通して多様な文化や価値観に対する「開かれた心」を育むことが理想と言えるでしょう。

　高学年の教科としての「外国語科」の前倒しになってはいけません。

　中学年の「外国語活動」で大切にしたいのは、音声言語としての英語への慣れ親しみです。文字言語としての英語学習の前に、音声言語としての英語を用いた多くの「受信活動」、自分の想いや願い考えを表現し合う「発信活動」に親しみながら、後の英語学習への素地をしっかりと育てることを目指したいものです。

　本書は、子どもたちが音声言語としての英語を楽しく学ぶための様々な活動を紹介しています。また、各活動をつなげることで、お互いのことを伝え合う協働的な学びの体験を通して、集団的自尊感情が育まれ、それぞれが、少しずつ自己有用感を高めながら、「学びの集団」としてクラスがつながっていけるように願って作られています。個別最適な学びで孤立した学習だけになってしまっては意味がありません。一人ひとりの能力や特性に応じた多様な教材を用いて、それぞれの得意な能力を発揮させながら学びを広げることができるよう、歌やリズム教材、ゲーム、リスニングテスト等、活動のバリエーションをそろえるとともに、協働で取り組む活動も紹介しています。これまで実施されてきた中学年の指導内容にプラスして用いて頂くことで、効果的な楽しい授業へと広げて欲しいと願っています。

　最後に、本書の出版にあたっては、教育出版の阪口建吾さん、武井学さん、井上美佐子さんに大変お世話になりました。構想から完成までの長い時間と大変な労力、根気のいる作業を丁寧に進めていただき本当にありがたく感じています。改めて感謝の気持ちをお伝えしたいと思います。

金森　強

【index】

授業で使える外国語活動アクティビティ81選です

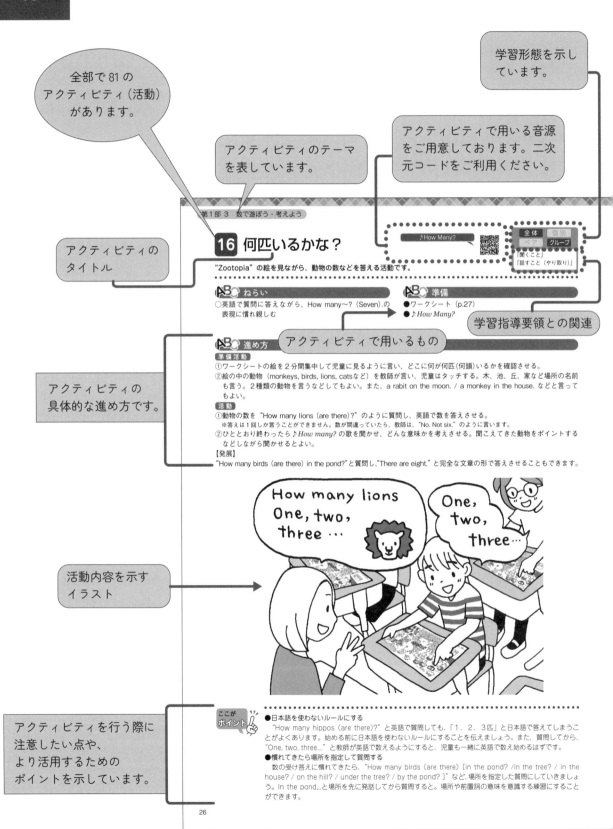

全部で81の
アクティビティ（活動）
があります。

アクティビティのテーマ
を表しています。

学習形態を示し
ています。

アクティビティで用いる音源
をご用意しております。二次
元コードをご利用ください。

アクティビティの
タイトル

第1部 3 数で遊ぼう・考えよう

16 何匹いるかな？

♪How Many?

全体　個別
ペア　グループ

「聞くこと」
「話すこと（やり取り）」

"Zootopia"の絵を見ながら、動物の数などを答える活動です。

ABC ねらい
○英語で質問に答えながら、How many~? (Seven).の
表現に慣れ親しむ

ABC 準備
●ワークシート (p.27)
●♪How Many?

アクティビティで用いるもの

学習指導要領との関連

アクティビティの
具体的な進め方です。

ABC 進め方

【準備活動】
①ワークシートの絵を2分間集中して児童に見るように言い、どこに何が何匹（何頭）いるかを確認させる。
②絵の中の動物（monkeys, birds, lions, catsなど）を教師が言い、児童はタッチする。木、池、丘、家など場所の名前
　も言う。2種類の動物を言うなどしてもよい。また、a rabit on the moon. / a monkey in the house. などと言って
　もよい。

【活動】
①動物の数を"How many lions (are there)?"のように質問し、英語で数を答えさせる。
　※答えは1回しか言うことができません。数が間違っていたら、教師は、"No. Not six." のように言います。
②ひととおり終わったら♪How many? の歌を聞かせ、どんな意味かを考えさせる。聞こえてきた動物をポイントする
　などしながら聞かせるとよい。

【発展】
"How many birds (are there) in the pond?"と質問し、"There are eight."と完全な文章の形で答えさせることもできます。

アクティビティの
具体的な進め方です。

How many lions
One, two,
three …

One,
two,
three…

活動内容を示す
イラスト

アクティビティを行う際に
注意したい点や、
より活用するための
ポイントを示しています。

ここが
ポイント

●日本語を使わないルールにする
　"How many hippos (are there)?"と英語で質問しても、「1、2、3匹」と日本語で答えてしまうこ
とがよくあります。始める前に日本語を使わないルールにすることを伝えましょう。また、質問してから、
"One, two, three..."と教師が英語で数えるようにすると、児童も一緒に英語で数え始めるはずです。
●慣れてきたら場所を指定して質問する
　数の受け答えに慣れてきたら、"How many birds (are there) [in the pond? /in the tree? / in the
house? / on the hill? / under the tree? / by the pond?]"など、場所を指定した質問にしていきましょ
う。In the pond,...と場所を先に発話してから質問すると、場所や前置詞の意味を意識する練習にすること
ができます。

26

アクティビティで使用するワークシートです。
https://www.kyoiku-shuppan.co.jp/tokushu/book-activity-es-english.html
で PDF データをダウンロードすることができます。

※本誌掲載のワークシートおよびリスニングチャレンジのページは、授業における活動で使用する場合に限り、コピーして使用できます。

●音声を聞いて問いに答える「リスニングチャレンジ」をご用意しました。（22 項目。解答は巻末（161 ページ以降）に掲載しています。）

音声は各「リスニングチャレンジ」のページに示された二次元コードをご利用ください。

「Zootopia 何匹(なんびき)いるかな？」ワークシート

Class		Name	

27

●「リスニングチャレンジ」で使用するシート（解答用紙）は、

https://www.kyoiku-shuppan.co.jp/
tokushu/book-activity-es-english.html

より PDF データをダウンロードすることができます。（本誌のワークシートとセットになっています。）

※本誌掲載のワークシートおよびリスニングチャレンジのページは、授業における活動で使用する場合に限り、コピーして使用できます。

音声
（歌とリスニング用音声）

●本誌巻末（146 ページ以降）に、歌とリスニング用音声のスクリプトと日本語訳を収録しています。

01 3つのコーナー

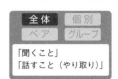

「聞くこと」
「話すこと（やり取り）」

自分の好みを答えながら、自分と同じ好みの仲間を見つけて、あいさつする
活動です。

ねらい

○あいさつや好みを表す英語表現を知り、慣れ親しむ
○あいさつや自分の好みを適切に表現する
○クラスの中の友達との共通部分や異なる点に気づく

準備

●鉛筆、ワークシート（p.9）
●教室の3コーナーにYes./No./I don't know.と書いた
大きなカードを1枚ずつと、有名人（歌手・タレント・
マンガのキャラクターなど）の写真を数枚ずつ貼って
おく　　　　　　　　　　　※広い教室で行います。

進め方

【準備活動】

①Yes. No.で児童が答えられる簡単な質問を何回か行い、質問の意味を確認しておく。
　例　Do you like cats?
②I don't know.は聞かれているもののことをよく知らないときに使うように伝える。

【活動】

　児童は教室の中央に立ち、質問を聞いて自分の答えを言いながら、答えに合うコーナーへ3秒以内で動く。
　例　Do you like *shiitake* mushrooms? Yes./No./I don't know.
　　　コーナーで出会った友達と、英語であいさつをする。
　例　A：Hello. My name is Sayaka. Nice to meet you.
　　　B：Hello. My name is Ken. Nice to meet you, too.
　　　あいさつした相手の名前をワークシートに書き込む。
　　　同じ要領で数回行う。
※ワークシートの左端の枠には、自分が出した答えの確認用に、Y/N/Iのいずれかを○で囲むようにします。
※名前は、本名でも誰かの名前（好きな歌手やスポーツ選手など）を使ってもよいことにします。
　クラス全体がお互いの名前をすでに知っている場合には、自分の名前を好きな歌手やスポーツ選手等にするとよいでしょう。
※ワークシートには、なるべく多く違う人の名前を書くように促します。
　コーナーに誰もいない場合は、コーナーに貼ってある写真の人物名を書き込みます。教師やALTがその人になりきって答えるように
　します。

〈教室全体のふかん図〉

ここがポイント

●活動を通して繰り返し発話させよう
　あくまでも活動を通して慣れ親しむことをねらいとし、厳密に発音の矯正を行ったり、完璧を求めたり
することはしません。それよりも活動を進めながら繰り返しの回数を増やすことを考えます。もちろんモデ
ルは活動中も聞けるようにすることが必要ですから、教師も活動に参加して児童にYes.やNo.を聞こえるよ
うに発話したり、ALTにも言ってもらったりするようにします。

「３つのコーナー」ワークシート

Class		Name	

	あなたの答え	あいさつした友だちの名前		
		Yes.	No.	I don't know.
1	Y / N / I			
2	Y / N / I			
3	Y / N / I			
4	Y / N / I			
5	Y / N / I			
6	Y / N / I			
7	Y / N / I			
8	Y / N / I			
9	Y / N / I			
10	Y / N / I			

02 はじめましてゲーム

じゃんけんに勝ったら相手に質問し、相手のことを知る活動です。

ねらい
○あいさつや好みを表す英語表現を知り、慣れ親しむ
○あいさつや自分の好みを適切に表現する
○クラスの中の友達との共通部分や異なる点に気づく
○他の国のじゃんけんを知る

準備
●ワークシート（p.11）

進め方

【活動】

①ペアになり、じゃんけんをして勝ったほうが相手に自分の自己紹介をする。

　例　Hello. My name is Mari. Nice to meet you.

②相手も自己紹介をする。

　例　Hello. My name is Ken. Nice to meet you, too.

③じゃんけんに勝ったほうは、ワークシートに描かれているものの中から3つ選び、相手がそれを好きか質問する。相手の名前を①〜④に書き、相手の答え（Y＝Yes. N＝No. I＝I don't know.）に丸をつける。

　例　Do you like ice cream?　Yes. I do.

④数分間活動をしたら、Guess who?クイズをする。覚えていることやワークシートの記録から、教師が誰のことを言っているかを答えさせる。

　例　T: Guess who (I am)?　I like dogs.　Ss: ○○さん。（再度活動を行う。）

※活動の前に、後でGuess who?クイズを行うことを伝えておくと、児童の関わり方が変わるはずです。

※じゃんけんを足じゃんけんにしたり、ミャンマーやモンゴルなど外国のじゃんけんを紹介して実施すると楽しさが増します。名前も好きなスポーツ選手や芸能人などに変えて行うことで、相手の答えを聞くことが楽しく、意味のある活動になります。

※ミャンマーじゃんけんは、トラ、兵隊、上官の3つで行います。強さは、トラ＞上官＞兵隊＞トラという序列になります。「ミャンマーじゃんけん、じゃんけんぽん」と言いながら、右のような格好をします（右図）。

トラ：襲いかかるトラの格好〔左〕
兵隊：銃を持つ兵隊の格好〔中央〕
　　　（銃は人に向けないようにします）
上官：腰に両手を置き、いばった格好〔右〕

03 なりきりインタビューゲーム

有名人を、自分の友達として紹介し、インタビューする活動です。

ねらい
○友達を紹介する表現を知り、慣れ親しむ
○友達をわかりやすく紹介する
○聞き手に配慮しながら友達を紹介する

準備
●各自、自分の好きな有名人や先生の写真を鉛筆の先にテープで貼っておく
●ワークシート（p.11）

進め方

【活動】

ペアになる。有名人の写真を付けた鉛筆を使って、自分の友達として相手に紹介する。

　例　A：（ペアに鉛筆を見せて有名人を友達として紹介）　This is my friend, Ichiro.

　　　B：Hello. Nice to meet you.

　　　A：（一人二役：その有名人になったつもりで）

　　　　Hello. My name is Ichiro. Nice to meet you, too.

（役割を交替して、同じ要領で活動を行ってから、ワークシートを使って、紹介した人物の好みについて3つ選びインタビューする。）

　　　B：Ichiro, do you like cats?

　　　A：Yes. I like cats.

「はじめましてゲーム」「なりきりインタビューゲーム」ワークシート

	Class		Name	

	① _____	② _____	③ _____	④ _____
	Y / N / I	Y / N / I	Y / N / I	Y / N / I
	Y / N / I	Y / N / I	Y / N / I	Y / N / I
	Y / N / I	Y / N / I	Y / N / I	Y / N / I
	Y / N / I	Y / N / I	Y / N / I	Y / N / I
	Y / N / I	Y / N / I	Y / N / I	Y / N / I
	Y / N / I	Y / N / I	Y / N / I	Y / N / I
	Y / N / I	Y / N / I	Y / N / I	Y / N / I
	Y / N / I	Y / N / I	Y / N / I	Y / N / I
	Y / N / I	Y / N / I	Y / N / I	Y / N / I
	Y / N / I	Y / N / I	Y / N / I	Y / N / I

04 世界のあいさつ・ジェスチャーゲーム

♪Hello From The World

全体 ｜ 個別
ペア ｜ グループ

「聞くこと」
「話すこと（やり取り）」

ゲームを通して、世界のあいさつとジェスチャーを体験します。

ねらい

○世界のあいさつとあいさつのジェスチャーを知り、慣れ親しむ
○世界のあいさつを実際にやってみる
○さまざまな言語の共通点や異なる点、言葉のおもしろさや豊かさに気づく

準備

●ジェスチャーカード（p.13）
●世界のあいさつのお手本音声（♪Hello From The World）
※参考WEBサイト：https://www.mofa.go.jp/mofaj/kids/index.html（キッズ外務省）

進め方

準備活動

13ページの絵カードを配布し、音声（♪Hello From The World）を利用して、8つの表現について、ジェスチャーをしながら提示する。

活動

①ペアになる。
②教師がリーダーになり、2回手拍子をした後に、ペアでリーダーと同じあいさつの言葉を言いながらジェスチャーも同時に行う。最初はゆっくりと、だんだんとスピードを上げて行う。
例 ×は手拍子・太鼓などでリズムを取る印
××「Hello」（英語）、××「サワディーカッ（女性）／サワディークラップ（男性）」（タイ語）、××「ニーハオ」（中国語）、××「アンニョンハシムニカ」（韓国語）、××「ブエナスタルデス」（スペイン語）、××「ボンジュール」（フランス語）、××「ナマステ」（ヒンディー語）、××「ボンジョルノ」（イタリア語）

〈資料〉いろいろな国や人々のあいさつ

国・民族	言葉	ジェスチャーや振る舞い
米国、オーストラリアなど	Hello.［Hi.］	握手
韓国	アンニョンハシムニカ［アニョハセヨ］	おじぎ
インド	ナマステ ※ヒンディー語	合掌
フランス	ボンジュール	握手、ほほに軽くキス
フィンランド	パイヴァー［テルヴェ］	握手
ドイツ	グーテンターク	握手
タイ	サワディーカッ（女）サワディークラップ（男）	合掌とお辞儀
中国	ニーハオ ※北京語	握手
スペイン	ブエナスタルデス［オラ］	握手（男）、両方の頬にキス（女）
マオリ	キア・オラ	鼻と鼻をこすりあわせる／舌を出して威嚇する[*1]
マレーシア	スラマット・ブタン	握手（男）会釈、同性であれば両手で握手（女）
フィリピン	マガンダン・ハーポン	
イスラエル	シャローム ※ヘブライ語	握手 ※ユダヤ教、イスラム教の女性は握手はしない
アイヌ	イランカラㇷ゚テ	
沖縄	はいさい（男）はいたい（女）	

※ここでは、外国人として最初に学ぶあいさつ表現としてふさわしい、目上の人や正式な場でも通用する表現を紹介しています。［ ］内は、より日常的、または親しい者同士で用いられる表現です。
*1 部外者が来たときにやって見せ、それでひるまなければ勇者として迎え入れる。

「世界のあいさつ・ジェスチャーゲーム」絵カード

Class		Name	

Hello.

（アンニョンハシムニカ）
안녕하십니까.

（ナマステ）
नमस्ते

（ボンジュール）
Bonjour.

（サワディーカッ）（サワディークラップ）
สวัสดีค่ะ สวัสดีครับ

（ニーハオ）
你 好。

（グーテンターク）
Guten Tag.

（ボンジョルノ）
Buon giorno.

05 ジェスチャーゲーム

 ♪Are You Hungry?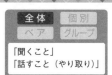

全体　個別
ペア　グループ

「聞くこと」
「話すこと（やり取り）」

教師のジェスチャーを見て、どんな気持ちなのかを当てる活動です。

ねらい

○活動を通して、感情や特徴等を示す英語表現を知り、慣れ親しむ
○感情や特徴等を適切に表現する
○豊かな表現になるようにノンバーバル・コミュニケーションを積極的に使用する

準備

● ♪*Are You Hungry?*
●絵カード（p.15）

進め方

準備活動

①15ページの絵カードを配布し、9つの表現について、ジェスチャーをしながら提示する。必要に応じて音声を活用する。

②右のイラストを参考に、以下の9つの英語表現について、ジェスチャーをしながら提示する。

　　happy / sad / angry / hungry / sleepy / good / tired / cold / hot

　例　I'm angry.と言いながら、怒ったジェスチャーをする。

　　教師はI'm...と言ってから、次に続けたい表現のジェスチャーをして見せ、その後にangryなどと発話する。ほかの表現についても同様に行う。

③すべての表現のジェスチャーを児童がわかるようになったら、今度はI'm...と言ってジェスチャーを見せた後、それに続く表現を児童に発話させる。

　例　T：I'm...（泣いているジェスチャーをする）
　　　Ss：Sad!

※T：teacher
　Ss：students を示します

活動

①次に全員を起立させる。教師がI'mと言った後、児童は、教師が続きの表現を言うのと同時にジェスチャーを1つ行う。教師が発話した表現と同じジェスチャーをした人は負けとなり、着席する。

※着席した児童も座ったまま参加し、教師の発話と異なるジェスチャーができたら復活（起立）して、ゲームに再度参加できることとする。

②今度は、教師のI'm angry.を聞いて、ジェスチャーをつけてくり返して発話する。児童に①と同様にジェスチャーをさせる。

③慣れてきたら、下のような2つの表現を連続で発話する。どちらか一方でも教師と同じジェスチャーをした人は負けとなる。

　I'm hungry and angry.

ここが
ポイント

●全員が活動に参加できるように

　活動 ①で、I'm...と言った後の教師のジェスチャーを見て、つい発話してしまう児童がいるはずです。考えているほかの児童が参加できなくなってしまうため、「そう、よくわかったね。でも、次は声に出さないようにしてね」と指示しましょう。まずはノンバーバル・コミュニケーションに意識を向けさせ、発話は次の②で行わせるようにします。

●感情を込めて発話させよう

　活動 ③で児童が発話する際には、感情を込めて発話するように伝えます。I'm hungry.であれば、本当にお腹が空いているように言わせます。そのためには、お手本の音声をしっかり聞かせたり、教師がジェスチャーを示すとき、感情豊かに発話して例を示したりしましょう。

「ジェスチャーゲーム」絵カード

Class		Name	

(*^_^*) happy	(;∀;) sad	(-_-メ) angry
(・Д・) hungry	(+_+) sleepy	！(^^)！ good
(◎_◎) tired	(*_*)／☃ cold	(*_*;)／☀ hot

06 私こんな気持ちですビンゴ

発話に合った絵を描き込んだシートを使ってビンゴを行います。

・・

ねらい

○ビンゴの活動を通して、感情を示す英語表現を知り、
　慣れ親しむ
○感情や特徴等を適切に表現する
○豊かな表現になるようにノンバーバル・コミュニケー
　ションを積極的に使用する

準備

●ビンゴシート（p.17）
●「ジェスチャーゲーム」絵カード（p.15）を拡大したも
　の

進め方

準備活動

①15ページの絵カードを黒板に貼りながら1つずつ発話する。次にランダムに発話し、どの顔文字のことか、黒板に
　貼られた絵を指さBさせBる。
　happy,　　sad,　　angry,　　hungry,　　sleepy,　　good,　　tired,　　cold,　　hot
　(*^_^*)　（;∀;)　(-_-メ)　（・Д・）　(+_+)　！(^^)！　(◎_◎)　(*_*)　(*_*;)
②教師の発話に合わせてジェスチャーや顔の表情で表現するように言う。

活動

①児童は、教師の発話に応じてビンゴシートの好きなマスに、それぞれに合った顔文字を描いていく。1つの絵に費や
　す時間は10秒とする。
②児童がすべてのマスに絵を描き終えたら、ビンゴゲームをすることを伝える。
　教師はI'm happy.のように、1つずつランダムに発話していく。
　※声やジェスチャーでヒントを与えながら発話します。
　※ヒントはそれぞれ2度発話します。1度目は普通のスピードで、2度目は少しゆっくり発話しましょう。
③児童は教師の発話を聞いて繰り返して言い、その絵を描いたマスがあれば、そのマスの□にチェックを入れる。
④縦、横、斜めに3本ビンゴができたら上がり。
⑤次に、友達とビンゴシートを交換させ、マスの○を使って再度ビンゴを行う。
⑥教師は1回目とは違う順番で発話し、児童は発話に合った顔文字が描かれているマスの○にチェックを入れていく。
※時間が十分ない場合は、いくつかの顔文字を事前に描き入れたワークシートを渡します。

「私こんな気持ちですビンゴ」シート

Class		Name	

☐　　　　　　　○	☐　　　　　　　○	☐　　　　　　　○
☐　　　　　　　○	☐　　　　　　　○ (*∧_∧*) happy	☐　　　　　　　○
☐　　　　　　　○	☐　　　　　　　○	☐　　　　　　　○

07 I am happy.すごろく

| 全体 | 個別 |
| ペア | グループ |

「聞くこと」
「話すこと（やり取り）」

すごろくをしながら、感情や特徴を表す表現をたくさん発話します。

ねらい
○すごろくを通して、感情や特徴を表す英語表現を知り、慣れ親しむ
○感情や特徴等を適切に表現する
○豊かな表現になるように、ノンバーバル・コミュニケーションを積極的に使用する

準備
●すごろくシート（p.19）
●チップ（すごろくのコマとして使用。消しゴムなど、児童が学校で使っているもの）
●サイコロ（じゃんけんで代用可。「ここがポイント」を参照）

進め方

準備活動

アクティビティで使う表現を確認する。教師はI'm happy./Are you happy?などと発話し、児童はすごろくシートの当てはまる絵を指さす。

活動

①すごろくシートを使ってゲームを行う。ペアになって交互にサイコロを振り、Round 1の部分をタテに1→2→3→（中略）→8→1→2（後略）とコマを進めながら、止まったマスに描かれている絵についてI'm happy.のように感情を込めながら発話していく。すべて発話できれば上がり。自分と相手がどの絵について発話したかわかるように、□や○のマスにチェックを付けながら進める。
※一度発話した絵でも、そのマスに止まったら必ずもう一度発話することとします。
②制限時間を4分とし、時間になったらほかの友達とすごろくシートのRound 2の部分を使用して行う。

ここがポイント

●サイコロをじゃんけんで代用する方法
「グーで勝った場合は1マス、チョキなら2マス、パーなら5マス進む」などのルールで行います。

08 Are you hungry?

 ♪Are You Hungry?

| 全体 | 個別 |
| ペア | グループ |

「聞くこと」
「話すこと（やり取り）」

質問し合いながら、相手の選んだ感情や特徴を表す言葉を当てていきます。

ねらい
○活動を通して、感情や特徴を表す英語表現を知り、慣れ親しむ
○感情や特徴等を適切に表現する
○豊かな表現になるように、ノンバーバル・コミュニケーションを積極的に使用する

準備
●すごろくシート（p.19）
●♪Are You Hungry?（BGMとして）

進め方

活動

①すごろくシートのRound 1からRound 5までのそれぞれについて、ペアの相手に見せないように、1〜8から1つずつ感情や特徴を表す単語を選んで、右上の△にチェックを付けさせる。
②ペアで交互に、Round 1から順に下のように質問し合い、どちらが先に相手がチェックを付けた単語を当てられるかで勝負する。
　例　S1:（相手がチェックしたものを予想して）Are you angry?
　　　S2: No, I'm not.
　　　S2: Are you happy?　S1: Yes, I am.（S2の勝ち）
③Round 5まで終わったら相手を替え、同様に続ける。
　※感情を表現するように伝えてから始める。

「I am happy.」「Are you hungry?」すごろくシート

	Class		Name	

	Round 1	Round 2	Round 3	Round 4	Round 5
1	△ □ happy ○	△ □ happy ○	△ □ happy ○	△ □ happy ○	△ □ happy ○
2	△ □ sad ○	△ □ sad ○	△ □ sad ○	△ □ sad ○	△ □ sad ○
3	△ □ angry ○	△ □ angry ○	△ □ angry ○	△ □ angry ○	△ □ angry ○
4	△ □ sleepy ○	△ □ sleepy ○	△ □ sleepy ○	△ □ sleepy ○	△ □ sleepy ○
5	△ □ hot ○	△ □ hot ○	△ □ hot ○	△ □ hot ○	△ □ hot ○
6	△ □hungry○	△ □hungry○	△ □hungry○	△ □hungry○	△ □hungry○
7	△ □ tired ○	△ □ tired ○	△ □ tired ○	△ □ tired ○	△ □ tired ○
8	△ □ cold ○	△ □ cold ○	△ □ cold ○	△ □ cold ○	△ □ cold ○

【リスニングチャレンジ1】

リスニング音声

Class		Name	

　下の絵をよく見ながら、①～⑨の英語の文を聞こう。それぞれの文が、どの子の気持ちやようすのことを言っているのか考えて、①～⑨の番号をあてはまる絵の□の中に書きこもう。

解答例 161 ページ

Class		Name	

　聞こえてきた表げんにあてはまるものにチェックをしながら、絵文字が表す気持ち
を言って進もう。

(*^_^*) ☐ I'm happy.　　　! (^^) ! ☐ I'm good.

START ➡

(*_*) ☐ I'm cold.

(・Д・) ☐ I'm hungry.　(◎_◎) ☐ I'm tired.

(+_+) ☐ I'm sleepy.

(-_-メ) ☐ I'm angry.

(;∀;) ☐ I'm sad.

GOAL ⬅　(*_*;) ☐ I'm hot.

09 数字で遊ぼう

♪One,Two,Three

全体 | 個別
ペア | グループ
「聞くこと」
「話すこと」

数字のカードを使って、奇数のみ、偶数のみを言ったり逆から言ったりしながら、正しくスムーズに言えるように慣れ親しむ活動です。

ねらい
○英語の数字の言い方を知り、慣れ親しむ

準備
● ♪One, Two, Three
● 1〜13までの数字のカード（画用紙等に数字を書いたもの。カードの裏面に磁石をつけておく）
● 13個のトマトを描いたピクチャーカード

進め方

準備活動

1〜10までのカードを黒板に貼る。♪One, Two, Three（1〜10までを扱う前半部分のみ）を聞かせ、カードを教師が指さしながら一緒に数を言う。児童は見ながら聞く。

活動

①カードを指さしながら、音声にならって全員で奇数だけ言う、偶数だけ言う、逆から言うなどする。誰が一番スムーズに言えるか練習する。
②カードに11、12、13を加え、♪One, Two, Three を聞かせる。13 tomatoesなどの歌詞のところで、ピクチャーカードを黒板に貼る（ここでは歌の1番のみ使用）。
③言えるようになってきたら、カードを見ながらスムーズに何秒で1〜13まで言えるか計測する。

※まず教師やALTがトライして時間を計り、児童がその時間をクリアできるかどうかにチャレンジさせます。いいかげんに言ったら失格というルールで行います。聞いている人にきちんと伝わるスピードを探させます。

10 あなたは超能力者①

全体 | 個別
ペア | グループ
「聞くこと」
「話すこと」

数字のカードを裏返しにして、児童に「透視」させる活動です。

ねらい
○英語の数字の言い方を知り、慣れ親しむ
○数字を使って自分の考え等を表現する

準備
● 1〜13の数字カード（画用紙に数字を書いたもの。カードの裏面に磁石をつけておく）

進め方

活動

①児童に目を閉じさせ、裏返した数字カードを黒板上でシャッフルする。
②教師が1枚カードを指さし、児童に数を「透視」させる。全員が必ず声に出すようにする。
③教師がカードを裏返して数字を見せる。児童はノートに自分の言った答えをメモし、13回中何回当たるか競う。グループでリーダーを決めて行ってもよい。

例 T：What number?　Ss: 13/8/7, etc.

 ここがポイント

●ALTと協力して児童の興味を引く活動に
児童に透視させる前に、「これから先生が透視します」と言ってお手本を見せます。その時に、あらかじめALTなどとカードを置く場所の打ち合わせをしておいて、教師が本当に透視したかのような演出をすると、児童も「やる、やる！」と積極的に取り組むはずです。

11 数字ビンゴ

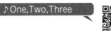
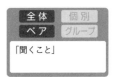

♪One,Two,Three

全体　個別
ペア　グループ

「聞くこと」

1〜13の数字を使ってビンゴを行う活動です。

ねらい

○楽しみながら、数字の言い方を知り慣れ親しむ

準備

●3×3のビンゴシート（1人1枚ずつ）(p.144)
● ♪One, Two, Three

進め方

活動

①ビンゴシート（3×3）に1〜13から好きな数字を自由に書き込ませる。

②教師がランダムに英語で数字を読み、児童はビンゴシートの数字に○を付ける。縦、横、斜めそれぞれ1列ずつ、3列そろったらビンゴとする。

※教師は数字を6つ言います。ボーナスポイントとして、この時点でビンゴにならなくても、残った数字を2つ自分で言えたら○を付けていいことにします。

※時間があれば、書き直してペアで勝負をさせます。この場合、発話が必要になりますが、児童は自分が言いやすい数字を書くようですので、心配いらないでしょう。

ここがポイント

●使用する語彙をさりげなく思い出させる

　ビンゴシートに児童が書き込みをする際、児童が言葉を思い出しながら取り組めるように、使用する語彙の入った歌（♪One, Two, Three）などをかけるようにするとよいでしょう。

---

12 恐怖の13

全体　個別
ペア　グループ

「聞くこと」
「話すこと（やり取り）」

1人3つまで交互に言い、13、(20、100) を言ってしまったほうが負けという活動です。

ねらい

○活動を通して13、(20、100) まで数字の言い方を知り・慣れ親しむ

○相手の発話をしっかりと聞き、自分で考えた数字を発話する

準備

●特になし

進め方

活動

①全体で1〜13（20、30、40…100）までの数字の言い方を、実際に何かを数えることで復習する。

②ペアで交互に数を言っていき、13、(20、100) を言ってしまうと負け。1人3つまで数を続けて言うことができる。1つでも2つでもOKだが、必ず1つは言わなければならないこととする。

例　A：1、2、3　B：4、5　A：6　B：7、8、9　A：10、11、12
　　B：⑬

※教師がALTなどとデモンストレーションをやってみせるとわかりやすくなります。

※1人が考える時間は1秒とします。何人かの友達と勝負するようにしてもよいでしょう。

※100まで行うときは、1〜13の後は20、30、40…100というようにして行います。

ここがポイント

●「考えてから発話」という過程が重要

　単に言葉を繰り返させるだけではなく、相手の発話を聞き頭の中で考え、判断した後に発話するという過程を取ります。ここにこの活動の意味があります。

13 神経衰弱 〈数字の巻〉

数のカードを机に裏返して、ペアやグループで神経衰弱を行う活動です。

ねらい
○活動を通して13まで数字の言い方を知り、慣れ親しむ
○相手の発話をしっかりと聞き、自分で考えた数字を発話する

準備
●1〜13のトランプ、または数字を書いたカードを人数分
※ペアまたはグループになる

進め方

活動

①2人のカード計26枚を机の上に並べる（2つの机を合わせる）。じゃんけんで負けたほうからスタートし、1枚めくるごとに数字を言う。

②続けて同じ数字が出たらそのカードがもらえる。同様に進めていき、最後にカードの多いほうが勝ち。

※カードは置かれている場所から動かさずに裏返し、2枚とも相手にちゃんと見せることを約束させます。3回勝負にしたり、相手を代えたりして行ってもよいでしょう。

※数字を英語でちゃんと発話しないと、持っているカードを没収されるルールにして行います。まずは先生がデモンストレーションをやってみましょう。

ここがポイント

●ゲームはわかりやすくなじみのあるものを
　説明に長く時間がかかるような複雑なゲームは避け、児童が普段行っているものと同様のルールで簡単に行えるものを考えます。スタート前にルールを明確にしておくことも忘れずに！

---

14 アメリカの小学生の算数ゲーム

♪1+2=3

英語で、1から13を使った計算にチャレンジする活動です。

ねらい
○活動を通して13まで数字の言い方を知り、慣れ親しむ
○相手の発話をしっかりと聞き、自分で考えた数字を発話する
○外国の小学校で習う科目を通して学校・教育の共通性に気づかせる

準備
●♪1+2=3　同（カラオケ）
●鉛筆、ノート（各自）

進め方

活動

①まず、算数は日本だけではなく世界のいろいろな国で学ばれていることを伝える。

②米国では2年生までに1〜20までの数字の足し算・引き算を学ぶことを話す。「アメリカの2年生の児童が習うことを英語でできるかどうかやってみよう」と言い、英語での1〜13までの足し算、引き算にチャレンジすることを伝える。

③音声を聞きながら、児童はノートに聞こえてきた通りに計算式を書いていく。

※音声にはかけ算の式も入っています。児童ができそうであれば、あわせて使用してもよいでしょう。

計算式の例（音声と同じ内容）：
足し算：1+2=3　3+4=7　7+2=9　9+2=11
引き算：10−2=8　12−3=9　8−6=2　13−5=8

④児童の実態に応じた発展的な活動として、20までの数字を使う計算問題を出し、答えを言わせる。

15 数字・漢字 暗号ゲーム

数字に対応する漢字を決めて、ペアでいろいろな暗号を作る活動です。

ABC ねらい

○漢字を使用した暗号クイズのなかで、1～20までの数字に慣れ親しむ

ABC 準備

●1～20の数字に対応する漢字を書いた表（下表参照）

ABC 進め方

活動

①最初に、教師が数字を言って、どんな言葉ができるのか児童に聞き取らせて書く練習をする。
　例　15 and 11（fifteen and eleven）……北風
　　　1、14、3 and 2（one, fourteen, three and two）……焼魚定食
②数字に対応している文字を使って、時間制限（例：5分など）を設け、各自なるべくたくさん言葉を作る。使用した文字1つにつき1ポイントとなる。あとでペアでクイズを出し合うことになるので、ペアで相談しないように伝えておく。
　※使用する数字は、児童が使える範囲のものにしましょう。
③時間になったら、ペアで互いに自分が使った数字と言葉を発表し合う。数字は声に出さなければ点数にならないこととし、交互に1つずつ、10秒以内に言うこととする。
　例　A：5 and 20（five and twenty）、遠足（2点）
　　　B：1, 4, 3 and 2（one, four, three and two）、焼肉定食（4点）
　ノートの書き方の例：

15、9、8	1、4
北　海　道（3点）	焼　肉（2点）

　※（Five plus twenty is 遠足.）のように式で言うこともできます。
　※同じ文字を複数回使ってもよいこととします。
　※ある程度時間が必要なので、宿題にしてもよいでしょう。

漢字の表（例）

1	2	3	4	5	6	7	8	9	10
焼	食	定	肉	遠	学	空	道	海	卵
11	12	13	14	15	16	17	18	19	20
風	星	鳥	魚	北	塩	氷	水	鉄	足

ここがポイント

●漢字の表は、児童に身近な言葉が作れるように工夫
　漢字の表には、児童が好きなものや、みんなが知っているような番組や人の名前などが作れるように工夫しておくと盛り上がります。児童にいろいろな数を言う空気ができ、意味のある活動になります。
●いつでも教師に聞ける雰囲気づくりが必要
　数字を言えない児童が、いつでも教師に聞けるような雰囲気をつくってあげましょう。そうでないと児童は日本語でゲームを進めてしまいます。

16 何匹いるかな？

♪How Many?

全体　個別
ペア　グループ

「聞くこと」
「話すこと（やり取り）」

"Zootopia" の絵を見ながら、動物の数などを答える活動です。

ねらい

○英語で質問に答えながら、How many〜?（Seven）.の表現に慣れ親しむ

準備

● ワークシート（p.27）
● ♪*How Many?*

進め方

準備活動

①ワークシートの絵を2分間集中して児童に見るように言い、どこに何が何匹（何頭）いるかを確認させる。

②絵の中の動物（monkeys, birds, lions, catsなど）を教師が言い、児童はタッチする。木、池、丘、家など場所の名前も言う。2種類の動物を言うなどしてもよい。また、a rabit on the moon. / a monkey in the house. などと言ってもよい。

活動

①動物の数を "How many lions（are there）?" のように質問し、英語で数を答えさせる。

　※答えは1回しか言うことができません。数が間違っていたら、教師は、"No. Not six." のように言います。

②ひととおり終わったら♪*How many?* の歌を聞かせ、どんな意味かを考えさせる。聞こえてきた動物をポイントするなどしながら聞かせるとよい。

【発展】

"How many birds（are there）in the pond?" と質問し、"There are eight." と完全な文章の形で答えさせることもできます。

ここがポイント

● 日本語を使わないルールにする

　"How many hippos（are there）?" と英語で質問しても、「1、2、3匹」と日本語で答えてしまうことがよくあります。始める前に日本語を使わないルールにすることを伝えましょう。また、質問してから、"One, two, three..." と教師が英語で数えるようにすると、児童も一緒に英語で数え始めるはずです。

● 慣れてきたら場所を指定して質問する

　数の受け答えに慣れてきたら、"How many birds（are there）[in the pond? /in the tree? / in the house? / on the hill? / under the tree? / by the pond?]" など、場所を指定した質問にしていきましょう。In the pond...と場所を先に発話してから質問すると、場所や前置詞の意味を意識する練習にすることができます。

Class		Name	

17 数字クイズ

♪One, Two, Three

全体 | 個別
ペア | グループ

「聞くこと」
「話すこと（やり取り）」

数字に対応する漢字を決めて、ペアでいろいろな暗号を作る活動です。

ねらい

○クイズをしながら、数字の英語表現に慣れ親しむ
○ペアでクイズを出しながら、友達の発想にふれる

準備

●♪One, Two, Three
●鉛筆、ノート（各自）

進め方

準備活動

♪One, Two, Threeを聞く。

活動

①教師が英語で数字を言い、児童はそれを書き取る。その数字に関連することは何かを考えて答える。

例　1-7-7（天気予報の電話番号）　　26-1234（学校の電話番号）
　　24-3（学校の住所）　　　　　　　5（クラスで7月生まれの人の数）
　　17（○○選手の背番号）　　　　　6-12（その日の日付）
　　26（今の教室の温度）　　　　　　9（バスケットボールクラブのメンバー数）

※教師はヒントになるように、黒板に○○○、○○-○○○○、○○-○、○·○○のようにハイフンなどを交えて書きながら数字を言います。また、次のようなヒントの出し方もできます。
「先生に関する数字です」「スポーツ選手に関する数字です」「この教室に関係します」「学校に関係します」
「○○さん、○○さん、○○さん、○○さんに関連します」

②今度は、児童が自分で数字クイズを作るように言う。できたら、ペアでクイズを出し合う。
※時間があれば、教師対児童でクイズの勝負をしましょう。

ここがポイント

●児童が答えやすい問題づくりを
　クイズは、教室の中を見れば答えがわかるもの、ちゃんと数えられるもの、証拠のあるものだけにします（髪の毛の数などはダメです）。問題はその時間までに英語の言い方を習っている数字の範囲を基本としますが、児童が言いたい数が言えない場合には、教師に聞いてよいことを伝えます。

●クラスメイトとの意外な共通点を発見する機会に
　同じクラスにいても、互いの誕生日などの情報を持っていないことがあります。自分と同じ月に生まれた人がいることを初めて知ることがあるかもしれません。児童にとって新しい発見ができるようなクイズになるように工夫してみましょう。

●自分たちでクイズを作る際は、初級・中級・上級と分け、中級以上の問題にはヒントを付けるようにします。

例　初級：110（答：警察の電話番号）
　　中級：8（ヒント：動物、答：タコの足）
　　上級：62（ヒント：山田先生、答：今日出た算数の宿題のページ）

【リスニングチャレンジ３】

Class		Name	

　下の絵をよく見て、どこに何がいくつある（何びきいる）のかできるだけおぼえましょう。

　じゅんびができたら①〜⑮の英語の問題を聞いて、絵のどの部分のことを言っているのか、番号を絵の中の□に書きこみましょう。

解答例 162 ページ

29

18 Yes/No & Jumpゲーム

全体	個別
ペア	グループ

「聞くこと」
「話すこと（やり取り）」

教師の好みを推測して、当たったら前に進めるゲームです。Do you like...?
の表現に慣れる活動です。

ねらい

○教師の答えを推測しながら、好みを表現するQ&Aに慣れ親しむ

準備

●動物・食べ物（p.32、33）など、質問に用いる言葉の絵カードを準備する　※広い教室で行います。

進め方

活動

①児童は全員教室の端に立ち、教師の質問に答える。
　例　Do you like cats? Yes, I do. / No, I don't. / I don't know.
　※I don't know.は、聞かれたものについてよく知らないときに使います。
②児童が答えた後でALTなどに答えてもらう。自分の答えがALTと同じなら、立ち幅跳び1回分前進できる。
③教室の端からスタートして、質問に答えながら、反対側の端まで、正解するごとに立ち幅跳びで進んで行く。
④数回後からはルールを変え、ALTや友達の好みを予測させて答えるようにする。「○○さんをよーく見て！　○○さんの顔から判断して」などと促しながら進める。
※音声だけでは質問を理解できない場合を考え、教師は絵カードを手に持ち、質問した後で、確認のため絵を見せるようにします。
※人数が多いときは両側に半分ずつ立ち、スタートします。
※あまり前進していない児童には、ALTの代わりに質問をし、その児童が英語で答えられたら前進できることにします。
※最後の3回は、ボーナスポイントとして、それぞれ5歩、8歩、10歩まで前進できることなどにします。

ここがポイント

●ゲームを通して、フェアプレイの精神にも触れさせる
　活動を始める前に、ルールを守ること、約束を破ったらゲームはそこで終わりにすることを伝えます。フェアプレイの精神は世界に通じる基本的な資質であることを知らせます。
●このゲームのルール
　・質問にはYes. / No. / I don't know.と声を出して答える。
　・一度答えたら、答えを変えることはできない。
　・誰かにぶつかったりふれたりしたら元の場所まで戻る（児童が興奮して友達にぶつかり、混乱したりけがしたりするのを避けるため）。

19 チャンツリレー・ゲーム

♪Animal Chant

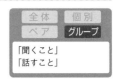

全体	個別
ペア	グループ

「聞くこと」
「話すこと」

グループで輪になり、チャンツで単語を友達にリレーしていく活動です。

ねらい

○リズムに乗って発話し、基本語彙に慣れる
○仲間と協力する体験を持つ

準備

●絵カード（p.32、33）
　※拡大したものを黒板に貼っておく
●♪Animal Chant
　（各児童の担当の動物がわかるように、胸に貼るための上記絵カードの縮小版を1人1枚ずつ）

進め方

活動

①♪Animal Chantなどを使って、活動で使う語彙を復習しておく。
②グループ（この場合は7人以下）をつくって輪になり、それぞれに動物を割り当てる。
③リズム（手拍子）に乗りながら、自分が担当の動物を表す言葉を言い、次に順番を渡したい人に手のひらを伸ばしながら、その人の担当の単語を言う。渡された人は自分の単語を

言い、同様に次の人に渡す。

例　××（手拍子2回）、cat（自分の単語）、dog（相手の単語）→×× dog, ant ×× ant, monkey ×× monkey, bear ××…

④グループで協力して、時間内に失敗せずに何回全員に回すことができるかを楽しむ。次に食べ物の絵カード（p.33）を使用して同様に行う。

※最初にひとつのグループを使って進め方を説明し、各グループに練習する時間を与えてから、ゲームを開始します。

※ほかのいろいろな単語の練習にも活用できます。

●指名されない児童がいないように配慮

活動を始める前に、8回のうちに必ず全員に当たるようにすること、単純に時計回りのように順番に渡してはいけないこと、間違えたら最初からやり直すことなどを約束しましょう。

●単語を言う際はカタカナの発音にならないように注意しながら言うようにします。

日本語の言い方になっていたらやり直しとするように伝えます。単語の強勢のある部分を強くはっきり言うように伝えます。

---

20 What's Missing?

全体　個別
ペア　グループ

「聞くこと」
「話すこと（やり取り）」

習った語彙を使って、記憶力を働かせ、消えたカードを当てる活動です。

ABC ねらい

○語彙の定着を促す
○Do you like...?の表現の復習

ABC 準備

●絵カード（p.32、33）
※拡大したものを黒板に貼っておく

ABC 進め方

活動

①児童に目を閉じさせ、黒板から動物カードのうち、1枚を取り外し、それをALTなどに持ってもらう。

②残りのカードをシャッフルして位置を変える。目を開けさせて何がなくなったかを児童に尋ねる。

例　T：What's missing?　S：The Cat!
　　T：Yes, It's the cat.

応用活動

①児童は答えを確認するために以下のように質問し、ALTはその動物になったつもりで答える。

例　S：Do you like fish?
　　T：（持っている絵カードを見せて）Yes, I do. I am a cat. / No, I don't.

②答えがNo.なら児童は別の答えを言い、ゲームを続ける。

※いろいろな単語を使っての活動が可能です。

●映像とともに記憶させて、語彙の定着を促す

児童は隠されたカードが何か、その映像（意味）を思い出しながら答えることで、音声形式との対応が定着することになります。また、自分でどの単語が覚えにくいかもはっきり認識することになります。

活動の途中で目を閉じさせ、教師がひとつずつ単語を言い、イラストを思い浮かべるように指示します。このときヒントとして、鳴き声をまねしたり、その動物の好きな食べ物を言ってあげたりするようにしましょう。

●準備を工夫して能率よく、集中できる活動に

カードに磁石を貼り付けておくと、黒板の上でのシャッフルが簡単になります。また、移動式のホワイトボードがあれば、児童が目を閉じなくても、ボードを裏返すことで裏で簡単にシャッフルでき、時間が短縮できます。

【絵カード：動物】

　p. 30「Yes/No & Jumpゲーム」「チャンツリレー・ゲーム」、p. 31「What's Missing?」で使用

【絵カード：食べ物】

p. 30「Yes/No & Jumpゲーム」「チャンツリレー・ゲーム」、p. 31「What's Missing?」で使用

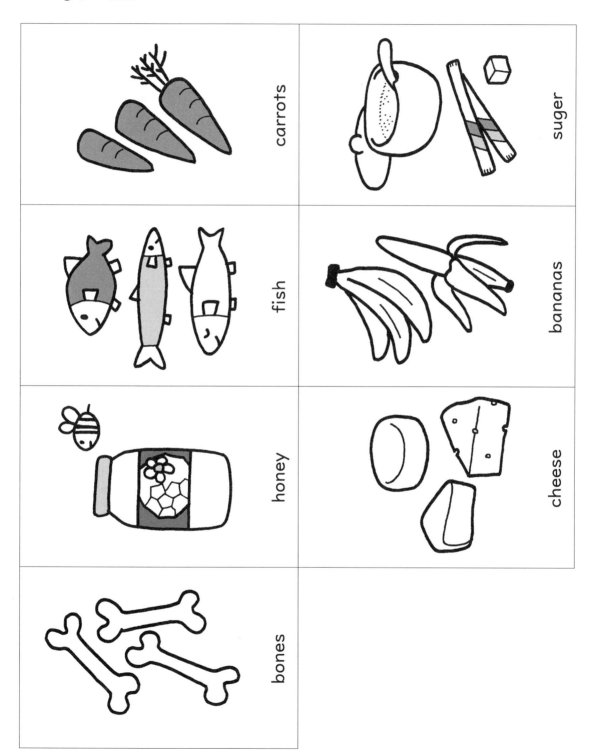

21 フルーツ・バスケット

教師と答えが同じだった人が席を替わる、おなじみのゲームを応用した活動です。

ⒶⒷⒸ ねらい

○Do you like...?のQ&Aの言い方に慣れ親しむ

ⒶⒷⒸ 準備

●人数より1つ少ない数のいすを用意し、輪に並べる

ⒶⒷⒸ 進め方

活動

①担任（HRT）は教室の中央に、ALTなどはいすの輪の外に立つ。ALTが質問をし、児童が一斉に自分の考えを答える。

②児童たちが一斉に答えた後で、ALTが同じ質問を担任にして、担任が自分の答えを言う。担任と答えが同じだった児童は移動する。

例　ALT: Do you like *takoyaki* ?
　　Ss: Yes, I do. / No, I don't. / I don't know.
　　ALT: Do you like *takoyaki*?
　　HRT: No, I don't.　→No, I don't.と答えた児童は席を移動し、担任は空いた席に座る。

※I don't know.は聞かれたものをよく知らないときに使います。

③席に座れなかった児童が中央に立ち、質問を待つ。

④ALTが質問し、座っている児童が答える。中央の児童が自分の答えを言い、②と同様に、中央の児童と同じ答えだった児童は席を移動する。

※慣れてきたら、中央の児童が質問をし、ALTが答えを言うこともできます。

※30人以上の場合は2つのグループに分かれて行います。移動の際に、人にぶつかったり、いすを動かしたりしたら失格というルールにします。移動する時は、静かに／silent 動くようにします。

【リスニングチャレンジ 4】

Class		Name	

　下の絵をよく見ながら、①〜⑦の英語の文を聞こう。どの動物のことを言っているのか考えて、問題の番号を当てはまる絵の□の中に書きこもう。

解答例 **162 ページ**

22 直感・やまかんゲーム

 ♪My Name Is Erika

全体 / 個別
ペア / グループ

「聞くこと」
「話すこと（やり取り）」

既習の語彙を使いながら、相手の選んだ動物を推理して当てる活動です。

ねらい
○ゲームをしながらDo you like...?のQ&Aに慣れ親しむ

準備
●ワークシート（p.37）
●鉛筆
● ♪*My Name Is Erika*

進め方

【活動】

①ペアになる。ワークシートの7種の動物から、ひとつ好きなものを選んで各自が絵に○を付ける。

②ペアの相手が何に○を付けたか、交互に好きなものについての質問をして当てる。答えるほうは選んだ動物になったつもりで答える。先に当てたほうが勝ち。※教師とALTなどでデモンストレーションをするとわかりやすくなります。顔の表情がヒントになることを知らせます。

例 ①A：（ウサギと予想して）Do you like carrots?
　　B：No, I don't.（正解はイヌ）
　②B：（ネコと予想して）Do you like fish?
　　A：Yes, I do.
　　B：You're a cat.
　　A：Yes.（Bが1勝）

※動物の好みについては、ワークシートの絵で覚えたものをもとに、Yes./No.またはI don't know.で答えるようにします。

※じゃんけんで先に質問する方を決めます。3回質問のやりとりをしてもお互いに当たらなかったら引き分けとし、その後は相手を代えて行います。その際は、別の色のペンを使って書き込むなどするとわかりやすいでしょう。やりとりをするときは、ワークシートではなく相手の顔を見るように伝えます。

●BGMを活用して児童の発話を促す
　活動中にはBGMとしてDo you like 〜? Yes, I do.等の表現の入った歌やチャンツ（♪My Name Is Erika）を流しておきます。児童は自信がないと発話できませんし、教師に聞けない児童もいます。ゲームの進め方のお手本を見せるときには、答えを決めておき、なるべくたくさんの質問を言える（聞かせる）ようにしましょう。

●英語力の差がゲームの勝敗を決めてしまう活動はNG
　この活動のように、英語の力だけで勝負が決まるのではなく、運やほかの要素が勝敗を左右するような内容にすることが重要です。英語の力だけで勝敗が決まってしまう場合には、英語を初めて習う児童が負けることが多くなり、英語活動への興味を失わせることになりかねないからです。

●繰り返し何度も発話させることが大切
　「知らない間に何度も繰り返し言っている・聞いている状態をつくること」がこの活動のもっとも重要なポイントです。児童が何度も繰り返し活動をしたくなるよう工夫することが大切です。

「直感・やまかんゲーム」ワークシート

Class		Name	

	rabbits	cats	bears	dogs	ants	monkeys	horses
1	carrots	fish	honey	bones	sugar	bananas	apples
2	carrots	fish	honey	bones	sugar	bananas	apples
3	carrots	fish	honey	bones	sugar	bananas	apples
4	carrots	fish	honey	bones	sugar	bananas	apples
5	carrots	fish	honey	bones	sugar	bananas	apples

23 先生の好きなもの

教師の出すヒントを聞き、教師の好きなものが何かを考える活動です。

ⒶⒷⒸ ねらい
○英語のヒントをよく聞いて答えるクイズを通して、
　I like....の表現に慣れる

ⒶⒷⒸ 準備
●ワークシート（p.39）

ⒶⒷⒸ 進め方

【活動】

①ワークシートの1～7の項目について、教師が好きなものをa～eのうちから1つずつ選び、英語でヒントを与える。
　※ヒントは、2回発話することを伝えます。
　※1回目は普通のスピードで、2回目は少し遅く発話します。
　※1回目は聞くだけにします。2回目は、ヒントの途中でもわかった時点で答えてもよいが、1人1回しか答えられないこととします。

ヒントの例　【　】内は解答
1．It's a fruit. It's yellow. Monkeys like this fruit.【banana】
2．It's an animal. It's brown. It can jump.【kangaroo】
3．It's a vegetable. Rabbits like this vegetable. This vegetable color is orange.【carrot】
4．Yamada-Sensei likes this drink very much. It's brown. I drink this drink twice a day.【coffee】
5．It's round. It is sweet. We put butter and syrup on it.【pancake】
6．Frogs like it. We use umbrellas when we have it.【rain】
7．I go to Tokyo by this. It can fly.【airplane】

②ひととおり終わったら、もう1回問題を言い、以下のように児童に答えさせながら確認をする。
　例　T：It's a fruit. It's yellow. Monkeys like this fruit.
　　　Ss：（A）banana!
　　　T：Yes, I like bananas.
　例　T：It's an animal. It's brown.
　　　Ss：（A）bear?
　　　T：No, it isn't. It can jump.
　　　Ss：（A）kangaroo!
　　　T：Yes, I like kangaroos.
　※「～が好き」というとき、likeの後ろに数えられる名詞が来る場合は、通常は複数形になります。

ここが
ポイント

●事前調査を行い、児童にとってより身近なクイズ作りを
　児童やほかの教師の好みなどがわかっている場合は「○○先生／○○さんの好きなもの」としてヒントを出すと、より生きた情報になります。児童やほかの教師に関する以下のようなアンケート調査を前もって行い、いろいろな情報を教材として利用しましょう。
①誕生日　②好きな／嫌いな野菜　③好きなスポーツ　④行ってみたい県／国
⑤飼っている／飼ってみたいペット　⑥好きな色　⑦好きな歌手／スポーツ選手
⑧好きな／嫌いな教科　⑨好きな／嫌いな果物　⑩好きな／嫌いなデザート
⑪好きな麺類　⑫好きな／嫌いな季節　⑬好きな／嫌いなTV番組　⑭趣味　⑮特技

「先生のすきなもの」ワークシート

Class		Name	

	a	b	c	d	e
1	lemon	apple	banana	potato	onion
2	koala	monkey	kangaroo	bear	panda
3	lettuce	cucumber	carrot	cabbage	pumpkin
4	water	tea	coffee	orange juice	cola
5	rice cake	cream puff	pancake	cookie	pizza
6	snow	rain	thunder	wind	wave
7	boat	train	bicycle	airplane	bus

24　私の好きなものゲーム

友達に自分の好きな食べ物を紹介する活動です。

全体	個別
ペア	グループ

「聞くこと」
「話すこと（やり取り）」

ねらい

○I like....の表現と食べ物や飲み物の表現に慣れ親しむ
○質問に対して答えることでDo you like...? Yes, I do. の表現に慣れ親しむ

準備

●ワークシート（p.41）

進め方

準備活動

ワークシート（p.41）の1～32の単語を発音しイラストで確認させる。

活動

①5人程度のグループに分かれる。1～15、16～32と分けて行う。

②グループ内でじゃんけんをし、順番に自分の好きなものをワークシートから1つ選び、I like beef.のように発話する。このとき、ほかの人が選んだものは選べないことにする。（出たものはチェックを付けるなどする。）3周するまでこれを続ける。好きなものをそれぞれが3つ言うことになる。1回 "Pass" を使うことができる。

③教師が手で打つリズムに合わせて、リーダー（じゃんけんで決める）から自分が好きなものを言い、右回りに続ける。自然な言い方で発話するように伝える。

　例　××　I like beef（言いながら次の人に手を伸ばして指名）．××　I like cheese.　××　I like ice cream.
　　　××　I like pork.～
　※×印の部分は手拍子のみ。

④同様の進め方で、どのグループがリズムを崩さずに続けられるかを競わせる。

【応用】

⑤S1：××　Do you like cheese?　××　S2：Yes, I do.　××　I like cheese.　××Do you like ice cream?　××　S3：Yes, I do.　××　I like ice cream.　××　Do you like pork?　××　S4：Yes, I do.　I like pork.　～と、やりとりを③の発展形で行う。

ここが
ポイント

●慣れてきたらテンポを上げて、リズムよく行うのも効果的

　　活動の③では教師はテンポを少しずつ速めるようにします。体や首の動きをつけながら太鼓や手拍子、メトロノームなどを利用してください。児童も自然に手拍子を打ったり体を揺らしたりしながら取り組んでくれるようになります。ただし、あまり速すぎると不自然になってしまいますから、自然な発話ができる程度にしてください。一度くらいは、楽しむために「超高速」でやらせてみるのもよいかもしれませんが、このときは「これじゃ言葉になってないね」と確認することを忘れないようにしましょう。

「私のすきなもの」ワークシート

Class	Name

1 salmon	2 tuna	3 lobster	4 shrimp	5 crab
10 pork	9 beef	8 clams	7 oysters	6 squid
11 chicken	12 lamb	13 yogurt	14 cheese	15 milk
20 mangoes	19 watermelons	18 grapefruits	17 apples	16 butter
21 peaches	22 grapes	23 cherries	24 bananas	25 onions
30 tomatoes	29 mushrooms	28 potatoes	27 eggplants	26 carrots
31 cucumbers	32 pumpkins			

【リスニングチャレンジ5】

リスニング音声

Class		Name	

下の絵をよく見ながら、①～⑤の動物が話している英語の文を聞こう。動物たちは、英語で「自分が何をすきなのか」を言いながら、すきなものを通ってゴールまで進んでいきます。それぞれの動物が通ったところとゴールの□の中に、当てはまる動物の番号を書きこもう。

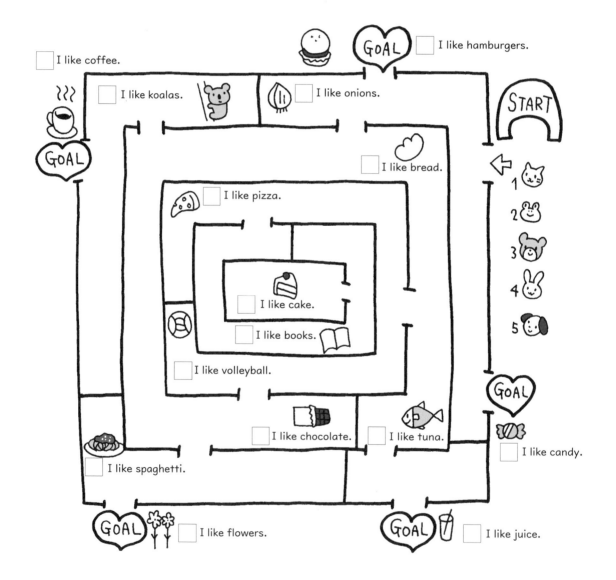

解答例 163ページ

【リスニングチャレンジ6】

Class		Name	

下の絵をよく見ながら、①〜⑦の英語の会話を聞いて、だれとだれが話をしているのか考えよう。①〜⑦を、当てはまるそれぞれの絵の□に書きこんで、線でむすぼう。

解答例 164 ページ

43

25 アルファベットで遊ぼう

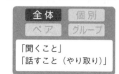

体を使ったり、糸や紐を使ったりして、アルファベットの名前や文字の形に
慣れ親しみます。

ABC ねらい

○活動をしながらアルファベットの名前（音声）と文字
　の形に慣れ親しむ
○ひらがなやカタカナとの音声面や形の共通点や異なる
　点に気づく
○友達と力を合わせて活動し、協働で取り組む楽しさや
　達成感を体感する

ABC 準備

●アルファベットカード（黒板掲示用）
●30cm～50cm程度の糸（紐）をペアで１本ずつ（児童用）
※糸（紐）は、柔らかい素材（布製）で折り曲げが自由にでき
　るもの。やや長めのほうが活動しやすいです。カラーモール
　や手芸用ワイヤーも使えます。

ABC 進め方

準備活動

黒板にアルファベットカードを掲示する。アルファベットカードを見て、アルファベットの特徴やひらがなやカタカ
ナとの違いを意識させる。

〈文字の形の特徴〉

例　文字の背の高さ──大文字は皆同じ背の高さ（４線の２階建て）、小文字は背の高さがいろいろである。
　　（参考：小文字──４線の２階建て──bdfhklt ／ １階建て──aceimnorsuv w xz ／ 地下室つき──gjpqy）

例　文字の形──直線的な文字、曲線的な文字、反転しても同じ形の文字　など。

〈音声の特徴〉

例　カタカナでは似ている音声だが同じではないアルファベット
　　──BとV、　　JとGとZ、　　LとR、MとN　…など。

例　名前の音声の一部が似ているアルファベット──AHKJ:[ei]など ／ BCDEGP:[i:]など

活動

教師がアルファベットの名前を１文字ずつ発音する。それを聞いてイメージしたアルファベットの文字を糸（紐）や
モールで形作る活動をする。

・児童はペアで１本の糸（紐）やモールを使い、イメージしたアルファベットを形作ります。
・机上に糸（紐）やモールで、試行錯誤しながらアルファベットの形を作ります。黒板や手元にある４線上に提示さ
　れているアルファベットをよく見て認識し、ペアの相手と楽しく協力して活動します。
・教師は机間指導をしながら、完成したアルファベットをチェックし、できばえを賞賛します。児童のいろいろな工
　夫が見られるので、全てのアルファベット作りの工夫を認めてあげたいものです。

例　T：Please make the alphabet "M".
　　Ss：OK! M,M,....（紐を使って形作る。）
　　Finish! Please check the "M".
　　T：OK, Oh, Great! / Perfect! / Good "M"!

※体や手・指を使った活動例－ペア活動から６人ぐらいまでのグループ活動に発展させます。糸（紐）の場合と同様に、教師が発音
　したアルファベットを聞き取り、体を使って６人でひとつの人文字アルファベットを形作ります。児童同士で手をつないだり、フ
　ロアに寝転んだりしながらアルファベットのイメージを表現します。教師はグループワークの良さや文字作りの工夫を賞賛します。
　アルファベットを見ながら行います。

教師：Please make "M".

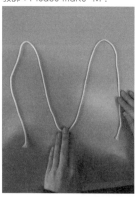

教師：Please make "B".

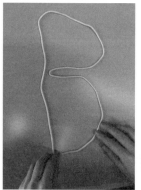

教師：Please make "F".

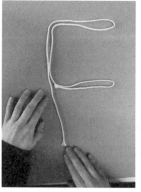

教師：Please make "Q".

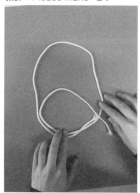

26 指文字で遊ぼう

アメリカの手話を示しながら、アルファベットの文字の形に慣れ親しみます。

ねらい

○活動をしながらアルファベットの文字の形に慣れ親しむ

○活動をしながらアルファベットの名前や音声に慣れ親しむ

○相手に配慮したコミュニケーションのあり方に気づく（手話が見えやすいように工夫する）

準備

●ASLアルファベット（pp.46〜47）

進め方

活動

①教師がお手本を示しながら、一緒にアルファベット26文字の指文字を練習する。

②dog, cat, banana, ice creamなど、身近な表現について先生をまねして動作をさせる。

③教師が言った言葉を聞いて児童に動作をさせる。

ここがポイント

●手話に集中する活動を通してアルファベットの名前や音声に慣れ親しめる

　指文字を覚えようとする活動を通して、何度も繰り返しアルファベットを言う活動にもなります。アルファベットを発話する際は、強調しながらゆっくり発音するようにします。日本語の音声との違いに気づくだけでなく、指文字を覚えることに集中しているので、聞こえてきた通りに真似をして発話することへの心理的負荷を減らすことができます。

　アルファベットの文字と指文字の形を比較させると、児童なりの発見・気づきがあるはずです。

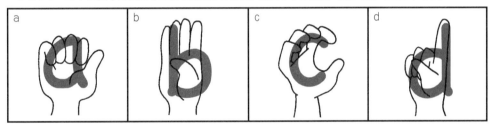

※アルファベット26文字と身近な表現の手話が次ページにあります。

【資料 ASLアルファベット】

＊ASLとはAmerican Sign Language（アメリカ手話）のことです。参考：「やさしいアメリカ手話」リヨン社、「世界の手話入門編」廣済堂

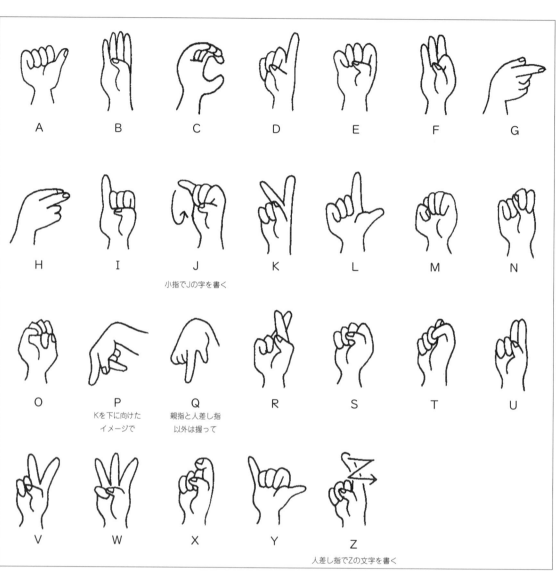

【ASLで表現してみよう】

banana	ice cream	milk	friend
バナナをむく動作	アイスクリームコーンを持っているように手を上下させる	胸の前で牛の乳搾りの動作	人差し指同士絡め合わせ、ひっくり返して同様に

Yes.	No.	like	don't like
手首を数回前後に振る	3本指を素早くくっつけたり離したりする	親指と中指を曲げて胸に当て、2本を閉じながら前へ引く	親指と薬指をつけ、指ではじくように五指を開く

?	Thank you.	Sorry.	I
右の人差し指で空中にクエスチョンマークを描く	口元に指先を置いてから腕を前方に倒す	右手を胸に当て、時計回りに数回回転させる	右手の人差し指で胸の真ん中を指す

love	you	I love you.	
手を握り胸の前で腕を交差させる	右の人差し指を相手に向ける	I/L/Yを合わせた形	

♪ABC Song

全体	個別
ペア	グループ

「聞くこと」
「話すこと（やり取り）」

27 アルファベットをタッチしよう

歌を聞きながら、アルファベットの言い方と文字に慣れ親しむ活動です。

 ねらい

○ピクチャーシートを使って、アルファベットの言い方と各文字で始まる語彙に慣れ親しむ

準備

●ワークシート（p.49）
●♪ABC Song

進め方

活動

①音源を使って、聞こえてきた順に、ピクチャーシートのあてはまるアルファベットで始まる単語をタッチさせます。
②何度か行い、音声と一緒に言えるところがあればアルファベットや単語を言わせます。

ここがポイント

●日本語（カタカナ）・ローマ字の音声との違いに気づかせて
　ローマ字の日本語の音声との違いに気づかせる工夫が大切です。「よく聞いてカタカナの音声との違いをみつけましょう」と伝えてから始めましょう。聞いたそのままを英語の音声で発話しようとしている児童をほめるようにします。外国語学習では、「よく聞いて、日本語との音声の違いに気づき、聞こえたとおりにまねして発話することが大切」ということを伝えるようにしましょう。

ABC Song

ABCDEFG
HIJKLMN
OPQRSTU
VWXYZ
（繰り返し）

A,（A）, B,（B）, C,（C）, D,（D）, E,（E）, F,（F）,
G,（G）, H,（H）, I,（I）, J,（J）, K,（K）, L,（L）, M,（M）,
N,（N）, O,（O）, P,（P）, Q,（Q）, R,（R）, S,（S）,
T,（T）, U,（U）, V,（V）, W,（W）, X,（X）, Y,（Y）,
Z,（Z）, Yeah!

ABCDEFG
HIJKLMN
OPQRSTU
VWXYZ
VWXYZ

「**ABC**」ピクチャーシート

Class		Name	

game	holiday	umbrella	vegetable
festival	insect	tomorrow	warter
eraser	Japan	school	xylophone
dinosaur	kitchen	rabbit	yesterday
classroom	light	question	zoo
bamboo	mug	playground	
answer	notebook	Olympics	

【リスニングチャレンジ7】

Class		Name	

①から⑩まで、アルファベットが聞こえてきます。言われたアルファベットを表の中からさがして、そこに書かれている数字を記入らんに書こう。

A 1	B 2	C 3	D 4	E 5	F 6	G 7
H 8	I 9	J 10	K 11	L 12	M 13	N 20
O 30	P 40	Q 50	R 60	S 70	T 80	U 90
V 100	W 101	X 21	Y 31	Z 41		

①	②	③	④	⑤
⑥	⑦	⑧	⑨	⑩

解答例 165 ページ

[**Fun Time 1：文字にチャレンジ**]

Class		Name	

英語で書かれた言葉を見て、関連する絵とマッチさせよう。

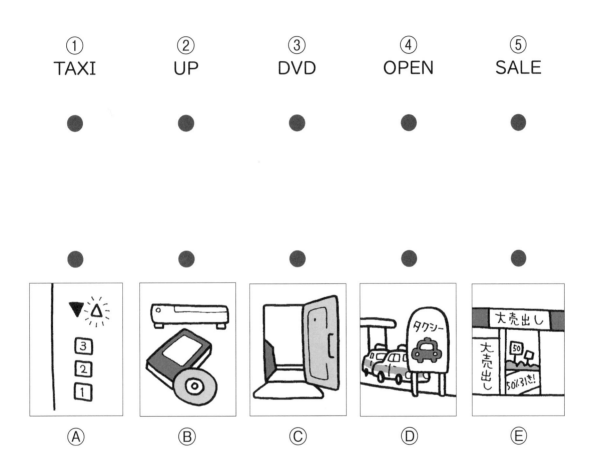

① TAXI　② UP　③ DVD　④ OPEN　⑤ SALE

Ⓐ　Ⓑ　Ⓒ　Ⓓ　Ⓔ

解答例 165 ページ

28 Touch Something Red

全体 / 個別 / ペア / グループ

「聞くこと」
「話すこと」

教師が指定した色や形を探してタッチする活動です。

ねらい
○英語の指示どおりに動く活動を通して英語表現（色・形）に慣れ親しむ

準備
●特になし

進め方

活動

①教師が英語で "Touch something red." など、色や形を指定する。

②その色や形のものを探し、（3歩以内で）移動してタッチする。友達の服や壁、持ち物など、教室にあるものであれば何でもよいが、色紙、色鉛筆、色チョークなどは対象外とする。

③慣れてきたら、"Touch something red and blue." など2色や "Touch blue rectangle." など2つの条件を指定し、2色同時に、また条件に合うものにタッチするルールで行う。

※指示された色や形にタッチする度にポイントをあげます。ただし、途中で友達とぶつかったらポイントが引かれることにします。

※色覚特性のある児童への配慮をするようにします。友達の体には直接触らない等、実態に応じてルールを決めます。

ここがポイント

●慣れてきたら児童に指定させてもOK

　まず、教師が色や形の指定をしますが、慣れてきたら児童に指定させるようにしてもよいでしょう。カラーで印刷された教科書や本を全員が持っていれば、席に座ったままで、教科書上で該当の色や形を見つけて指でふれる活動にすることもできます。すぐに騒がしくなってしまうようなクラスの場合は、このようなやり方をお勧めします。

　また、タッチする代わりに、教室にあるものを指さす活動にすることもできます。ただし、人をさす場合は、人さし指を人に向けることは失礼であることを伝え、手のひらを上に向けてその人の方向を示すように約束します。

29 いろいろビンゴ

指示された色や形で連想するものを自分で描き、それをもとにビンゴを行います。

ねらい

○英語の指示に従って絵を描く活動を通して、英語表現（色・形）に慣れ親しむ

準備

●ビンゴシート（3×3）(p.144)

進め方

活動

①教師の英語の指示を聞いて、それに合った絵をビンゴシートの好きな場所に30秒以内で描くということを伝える。

②"Draw something yellow." "Draw something triangle." など、色や形から連想するものを描くように指示をする。9つの色（または形）について行う。

③児童は、red-ポスト、pink-桜、triangle-おにぎりなど、その色や形から自分が連想するものをビンゴシートに描く。自分の持ち物を描いてもよい。

④完成したビンゴシートを使い、ビンゴゲームを行う。最初は教師が"I like red." "I like circle." など、好きな色や形を言い、児童は言われた色や形の絵に○を付けていく。

⑤教師が色や形を2つ言った後はペアの活動にし、各自、ビンゴになるように、互いに好きな色や形を言うという形式にしてもよい。

※児童の言う表現は、"Red./I like red." のどちらでもよいことにしますが、教師は "I like red." と文で言うようにします。

ここがポイント

●児童のアイディアにコメントを

児童が描いている絵について、机間指導をしながら「これ、いい顔してるね」「このアイディアはすごい！」「そうきたか！」"I like this." "Good idea." "It's cute." など、コメントするようにします。

●多様性を意識しよう

「太陽」「リンゴ」は、日本では赤で描かれることが多いですが、太陽を黄色で、リンゴを緑で描く地域も多いこと、また、虹の色なども、文化圏によって異なることを伝えたり調べさせたりするとよいでしょう。

30 あなたは超能力者②

色と動物の英語表現を使いながら、相手のカードを「透視」する活動です。

ⒶⒷⒸ ねらい

○考えながら英語で表現する体験を持つ
○情報を得るための英語表現に慣れ親しむ

ⒶⒷⒸ 準備

●動物の絵カード9枚（p.32やp.35など）

ⒶⒷⒸ 進め方

準備活動

①活動で使用する動物の語彙を、絵カードなどを使用しながら指導する。
②「誰が最初に指させるかな？」と言い、"Point to the dolphin." などの教師の指示に従って、すばやく黒板の絵カードを指ささせる。

活動

①黒板に、black、brown、whiteの3つの枠を書く。それぞれの枠に動物のピクチャーカードを3枚ずつ貼る（以下の例とイラスト参照）。

　例　black: bear, ant, dolphin　brown: lion, monkey, gorilla　white: rabbit, chicken, swan

②活動のデモンストレーションを見せる。1人が心の中で1枚を決め、相手が3回まで質問しながらそれを当てるというルール。

　例　Bがmonkey（brown）を考えている場合

　　A：Is it black?　B：No, it isn't. → A：Is it brown?　B：Yes, it is.
　　A：Is it a lion?　B：No, it isn't. → A：I give up.　B：It's a monkey.

③以下のルールを説明し、ペアでゲームを行う。

　・ペアでじゃんけんをし、勝ったほうが9枚の絵カードの中から心のなかで1枚を決める。
　・負けたほうが英語で質問をし、勝ったほうが答える。質問を3回し、3回目には当てなければならない。
　※"Red?" "Yes./No." "A bear?" "Yes./No." など、単語のみのやりとりでもかまいませんが、質問のときは語尾を上げるように指導します。

④同じペアで役割を替えながら何回か勝負させる。時間があれば相手を替えてもよい。

●教師の表情豊かなデモンストレーションがポイント

　教師が、ALTなどと一緒に表情豊かにデモンストレーションを行うことで、活動への興味を持たせることができます。教師がひとりで行うときは、人形などを使いながら腹話術の要領で説明してもよいでしょう。

●ルールの大切さを強調

　1度、カードを選んだら、途中で勝手に変えないことを約束させます。ルールを守らないと活動がつまらなくなってしまうことを強調しましょう。「本当のことは自分しか知らないが、うそをついてまで負けないようにすることより、うそをつかないことのほうが素敵なことだ」ということを伝えます。

31 うまく描けるかな？
Draw What I Say

big や small および基本的な形を表す英語表現を聞いて、指示どおりに絵を描く活動です。

ねらい

○英語の指示を聞き、指示に従って絵を描く活動を通して、形を表す英語表現に慣れ親しむ
○big と small の意味・使用法に気づく

進め方

活動

① 教師が発話しながら、黒板にモデルとなる絵（以下参照）を描く。次からも同じ手順で描くことを伝える（カッコ内は、教師は言っても言わなくてもよい）。

Draw a big circle. (This is his face.)-1
Draw two small circles. (They are his eyes.)-2
Draw a small triangle. (This is his nose.)-3
Draw a small rectangle. (This is his mouth.)-4
He is my friend, Steve. （完成した絵の下に Steve と書く）

② 教師の以下のような英語の指示に従って、絵を描かせる。

a. Draw a big square. Draw two small stars. Draw a small circle. Draw a small heart.
b. Draw a big diamond. Draw two small ovals. Draw a small square. Draw a small triangle.
c. Draw a big heart, two squares, a small rectangle, and a small circle.
d. Draw a big rectangle, two hearts, a small star, and a small square.

③ できあがった絵を、友達の描いたものと比べさせながら、答え合わせをする（三角や長方形、だ円形の向きなどが、人によって異なることにも気づかせる）。

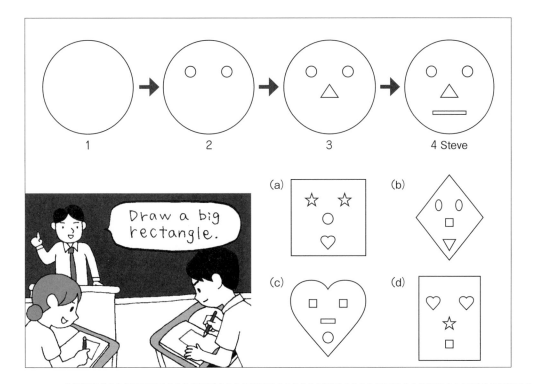

ここがポイント

●指示はだんだんと速度を上げて

絵の指示は最初はゆっくりと、だんだんと速度を上げていきます。②の（c）からは、2つの情報を一度に伝え、その後でもう一度、少しスピードを遅くして言います。

32 Flag Game

♪I Like Blue

全体	個別
ペア	グループ

「聞くこと」

教師の言う色や形を聞いて、当てはまるカードにタッチします。

ねらい

○活動を通して、英語の指示を聞き、英語表現（色・形）に慣れ親しむ
○世界の国旗の多様性にふれる

準備

●♪I Like Blue
●世界の国旗のカードをひとりにつき4〜5枚程度（例:『くもん式世界の国旗カード』などを利用）
●4〜5人のグループごとに机を合わせて座らせる

進め方

準備活動

♪I Like Blueを聞き、色の言い方を思い出す。好きな色や言える色を一緒に言って口慣らしをする。

活動

①国旗カードを各グループに20枚程度配り、リーダーが机の上に並べる。

②教師が好きな色や形を言い、それぞれの児童はその色や形を含む国旗になるべく早く手を置く（置くだけで、カードは取らない）。複数の児童が同じカードに同時に手を置いてもかまわない。

　例　I like red./ I like stars./ I like blue and white./ I like squares and triangles. / I like purple and circles./ I like yellow, red, and rectangles.（国旗自体の形がrectangle であるものが多いことをヒントとして与えておく）

③最後の問題で各自がカードに手を置いたところで、そのカードを取らせる。自分の取ったカードについて、国旗と国名などの情報を覚えるように言い、1分間時間を与える。

※教師は、全員がカードを取れるような形や色を指定します。また、当てはまるカードが取れなかった場合でも、全員が1枚ずつカードを取るようにします。

④カードを集め、シャッフルして机の上に返して重ねて置く。What country is it? という教師の質問を合図に、いちばん上のカードを表に向けさせ、どこの国の国旗かを答えさせる。そのカードを取った本人が責任を持って答えるように促す。

応用活動

グループごとで行う活動にしてもよいでしょう。教師の代わりに児童の誰かが発話し、ほかの人がカードに手を置くルールにします。最後にカードに手を置いた人が次に発話します。活動の前に教師の後について十分に発話練習をさせてから始めましょう。

I like red and circles.

ここがポイント

●発話に変化をつけて

教師が発話するスピードや間の取り方を変え、変化をつけながら行うことで、児童の集中力を高めることができます。

33 My Flagを作ろう！

全体　個別
ペア　グループ

「聞くこと」
「話すこと（やり取り）」

国旗に描かれている図形や色についての意味を知り、自分を一番よく表す旗を作ります。

ねらい
○色に関する世界各地の文化の違いにふれる
○国旗の色や形の意味を知る
○自分だけの旗を作ることを通して、自分の好きな言葉や気持ちについて確認する（自己理解）
○友達の好きな言葉や気持ちを知る

準備
●♪I Like Blue
●国旗に用いられている色や形の意味の例を示した資料（p.58の表をもとに、抜粋して作成しておく）
●「マイ・フラッグ」作成用の用紙

進め方
活動
①国旗に用いられている色や形の意味の例を示した資料を配る。
②同じ色や形でも、地域によって違う意味になったり、同じ意味になったりすることに気づかせる。
③自分らしさを一番よく表す「マイ・フラッグ」を作ってくることを宿題とする。
④できあがったものを集めて教室に掲示する。
⑤Whose flag?　と教師がFlagの特徴を言って誰のFlagか当てさせてもよい。
　※形が表す内容は難しいので色だけに絞ってもよいでしょう。

太陽（円）：自由と希望
星：団結
三角：自由　平等　博愛
☆黄色：自由
△青：平和　静寂
○白：信仰心
T：Tsuyoshi
K：Kanamori

ここがポイント

●旗に自分の気持ちやメッセージが表れる
　配られた資料（表）の中で、自分の好きな言葉を○で囲んでいくことで、自分が好きなことや、自分の気持ちがわかってきます。旗に自分の気持ちやメッセージが表れることを告げ、本当の自分を表すように促します。作った旗の意味がみんなにわかるように、説明もつけさせます。
●教師自身の作品も工夫して
　教師自身が「マイ・フラッグ」をポスターカラーやICT教具などを活用しきれいに作り紹介することで、児童の活動への動機づけをするようにしましょう。ICT教具を活用して準備しておくとスムーズに提示することができます。

［資料：世界の国旗］

形	世界の国旗の形が表す意味		
	アジア	アフリカ	西欧・アメリカ
月	国の発展／イスラム教／王家	幸福／イスラム教	——
太陽	自由／大臣の家族	自由／希望	新しい時代／5月の太陽
星	平和／正義／平等／進歩／労働者／農民／愛国心／団結／イスラム教／アラブ諸国の団結／南十字星／ダビデの星	自由／幸福／独立（赤い星）／イスラム教／アフリカ／社会主義	自由／希望／未来の幸福／団結／天
植物	オリーブ：協力／平和（イラク）、菩提樹：仏教	とうもろこし：農業	——
動物	龍：国の守護神、獅子：国	鷲：自由／前進、鳥：平和	二つ頭の鷲：アジアとヨーロッパ
十字	——	——	キリスト教／十字軍／ローマ法王
武器	刀（守護）		ほこ：開放
文字	コーラン(法典)の文字：イスラムの教え（イラク、サウジアラビアなど）	——	V：勝利（アンティグア＆バーブーダ＊西インド諸島の国）、OEDEM E PROGRESSO：進歩と秩序（ブラジル）
紋章	——	——	鍵：霊界と俗界の支配、帽子：自由
王冠	——	——	主権
その他	チャクラ：(仏教での)宇宙を表す(インド)太極文様：陰と陽の調和を表す(韓国)	歯車：工業、なた：農業トーチ：愛国心／革命精神	三角：自由／平等／博愛
色	世界の国旗の色が表す意味		
	アジア	アフリカ	西欧・アメリカ
赤	勇気／平等／喜び／博愛／勝利／革命／団結／自由／仏教／戦争／共産主義／太陽	友好／友情／希望／博愛／進歩／情熱／忠誠／兄弟愛／独立の戦い／犠牲	勇気／自由／博愛／進歩／勝利／調和／寛容／夕焼け／太陽／火／熱意／独立
白	潔白／清潔／美徳／真実／平和／平等／寛容	平和／理想／正義／寛容／団結／良識	純粋／清潔／平和／平等／正義／自由／友愛／信仰心／独立／向上心
青	静寂／平和／栄え／忠誠／献身／永遠の空／王室	平和／希望／海／空／川	自由／正義／真実／友情／忠誠／神／空／海／湖／川
黒	怒り／戦争	国民／アフリカ	献身／忍耐／団結／活気／力
黄色	自由／王家／ヒンズー教	豊かさ／太陽／黄金／収穫	正義／田園／美／富／太陽／プロテスタント（キリスト教）
緑	自由と進歩／栄え／公平／豊さ／イスラム教	繁栄／希望／忠誠／展望／自然／国土／農業	希望／独立／農業／天然の富／カトリック（キリスト教）

参考文献：『世界の国旗』教育出版センター

【リスニングチャレンジ８】

Class		Name	

①～③の会話を聞いて、できあがった絵がどれか（　　）に番号を入れよう。

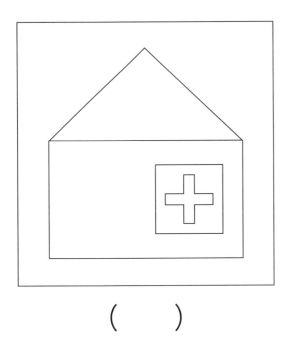

（　　　）

（　　　）

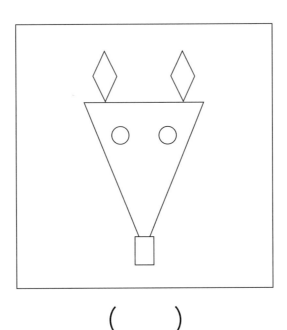

（　　　）

34 What's This? ①

全体 個別 ペア グループ
「聞くこと」
「話すこと（やり取り）」

友達の手のひらにひらがなを書いて、当ててもらう活動です。

ねらい

○What's this?の表現に慣れ親しませる
○友達と協力して目的を達成する
○他者への配慮の体験をする

準備

●特になし

進め方

活動

①ペアになり、片方が目をつぶった相手の手のひらに、ひらがなを一文字書いて、それを当てる。（手のひらにふれずに目を開いて行ってもよい。）
　例　A：What's this?　B：「あ」。
②同様にして、交互で何回か行う。
③アルファベット・漢字で行ってもよい。

ここがポイント

●活動を通して、他者へ配慮する心を養う
　相手にわかりやすいように書いてあげるように指示します。そうすることで、「他者への配慮」としてどのような工夫ができるか児童が考えて行動することになります。丁寧にゆっくり書いてあげたり、相手にわかりやすい方向にして書いてあげたり、いろいろな工夫が生まれるはずです。

35 What's This? ②

全体 個別 ペア グループ
「聞くこと」
「話すこと（やり取り）」

絵カードを使い、よく見ないと何かわからないものを見せて、何かを答えさせる活動です。

ねらい

○「何だろう」と思わせるものを素材にWhat's this? It's ...の表現に慣れ親しませる

準備

●絵カード（p.61）

進め方

活動

①絵カードを拡大コピーし、それぞれの動物の形をくり抜く。
②残された部分の絵を見せて、何の動物か当てさせる。
　例　T：Look at this picture carefully.　What's this?
　　　S：（A）dog?
　　　T：No, it's not a dog.　What's this?　Look at this carefully.
　　　　It's from China.
　　　S：（A）panda?
　　　T：Yes, it's a panda.
※中をくり抜いた絵でなくても、一部隠したり、拡大したりしている絵、普通とは違う角度から描かれている絵でも使用できます。
※正解を示すときは、くり抜いておいた動物の絵を使います。

ここがポイント

●ヒントになる関連語彙も重要
　この絵カードでは、1つの絵の中に、関連する語彙（associated words）が一緒に描かれています。これは語彙の記憶を助けるヒントの役割があります。
●「何だろう」と思わせる教材で児童のやる気を促進
　最初から、誰でも見ればわかるものを答えたいとは思いません。何かわからないから、人より先に答えようという気持ちになるものです。そういう気持ちにさせるような素材や教具を用意することが必要です。正解を見せる時は、音声をよく聞くように、発話をしてからイラスト等を見せるようにします。

What's This? ② 「これ何だろう？」絵カード

　拡大コピーし、答えの部分のイラストだけ、輪郭を切り抜きます。残されたシルエットと絵から、何の動物かを当てさせます。

1	2
3	4
5	6
7	8
9	10
11	12

36 What's This? ③

ワークシートを使い、いろいろな音を聞かせて、何の音かを答えさせる活動
です。

ねらい

○五感を働かせWhat's this? It's....の表現に慣れ親しむ
○動物の鳴き声や物音について、日本語と英語で表現が
異なるものがあることに気づかせる

準備

●ワークシート（p.63）
●あれば、いろいろな動物の鳴き声、音、効果音など

進め方

活動

①教師が英語でのいろいろな動物の鳴き声や音を言い、ワークシートのあ
てはまる絵に○を付けさせる。終わったあとで答え合わせをする。

②動物の鳴き声やいろいろな音の表し方が、日本語と英語で異なることを
確認していく。

例　T：What's this? "Bow wow."（児童はワークシートに○を付ける）

T：It's a dog.（答え合わせ）

※前もってALTなどに録音してもらったり、実際のいろいろな音を録音したりして
おいてWhat's this?のゲームをしてもよいでしょう。このほか、においなども利
用しましょう。コットンに、果汁など、香り・においのするものを含ませておき、
児童ににおいをかいで当てさせます。

ここがポイント

●児童の想像力をかき立てる楽しい活動に

教師が工夫していろいろな音、匂いも含め、五感を使ったり想像力を働かせたりできるものを用意すれば、
より楽しい活動になります。雨の音、川のせせらぎ、波の音、トイレを流す音、雪道を歩く音、プチプチを
つぶす（the sound of rain, river , wave, toilet flushing, walking on the snow, poping bubble wrap）
等、聞いてみてあらためて発見できることもあるようです。

37 What's This? ④

絵カードを使い、身近なものをさまざまな角度から見た絵を見せ、何かを答
えさせる活動です。

ねらい

○普段目にしているものの意外な姿に気づかせながら
What's this? It's a....のやりとりに慣れ親しむ

準備

●絵カード（p.64）

進め方

活動

①ランドセルを下から見たところ、いすを裏から見たところ、花瓶の底、
上靴の裏など、普段見る角度を変えると、どんなふうに見えるか、教
師がいくつか例を見せる。

②絵カード（What's this?④）を拡大コピーしたものを用意し、それぞれ
２つ折りにする。右側を見せて、What's this?と聞き、何か当てさせる。

③絵カードを開き、正解を見せる。

※ヒントが必要なときは、それがふだん使われる場所を言います。

※要領がわかったら、児童に問題を考えさせて、クイズをやってみましょう。ク
イズを考えるのは宿題にしてもよいでしょう。

What's This? ③ 「何の音かな？」ワークシート

Class		Name	

※いろいろな音を表す英語を聞いて、どれかを当てましょう。

	a	b	c	d	e
1	dog	cat	mouse	pig	cow
2	hen	penguin	pelican	crow	sparrow
3	dolphin	whale	gorilla	elephant	giraffe
4	alligator	rhino	hippo	lion	chicken
5	duck	pigeon	frog	snail	slug
6	car	door	bubble	telephone	radio
7	brake	bicycle	horn	footstep	bell
8	truck	steam train	bus	airplane	ship
9	TV	door	clock	window	curtain
10	sea	river	rain	waterfall	snow

What's This? ④「ちがった角度から見てみよう」ワークシート

右側のイラストを見せながら What's this? に答えさせます。（左側は答え）

1 DVD	2 mug
3 glasses	4 pencil
5 can	6 tire
7 finger	8 school bag
9 brush	10 carrot
11 box horse	12 sunny-side up

What's This? 発展「しかくのふしぎ」ワークシート

図形を見て、何に見えるかWhat's this? に答えさせます。

1

ヒント
・人かな？　物かな？

2
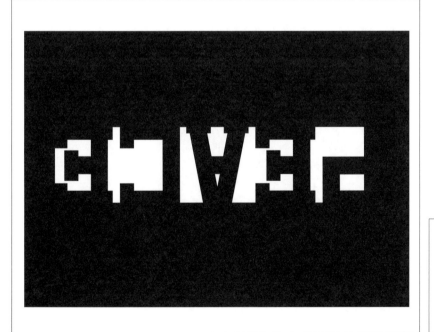

ヒント
・文字が5つあるよ

答え　1．向き合った人・優勝カップ　2．PEACE

・・

◆錯覚・錯視に関する参考資料とだまし絵が見られるサイト
『見るしくみ』リチャード・ラントン・グレゴリー、平凡社（1970）、
『錯視図形』今井省吾、サイエンス社（1984）、『視覚のトリック』ロジャー・N・シェパード、新曜社（1993）、
『錯覚の心理学』椎名 健、講談社（1995）、『視覚の冒険』下条信輔、産業図書（1995）
『Illusion Theater』http://www.ritsumei.ac.jp/~akitaoka/（立命館大学・北岡明佳氏による錯視の展覧室）

38 動物すごろく

♪Animal Chant

全体　個別
ペア　グループ

「聞くこと」
「話すこと（やり取り）」

動物や数字の英語表現を使いながらすごろくを行う活動です。

ねらい

○すごろくを通して、動物・数字の英語表現に慣れ親しむ

準備

● ワークシート（p.67）
● ♪Animal Chant
● サイコロをグループの数、コマを児童の数（各自用意）

進め方

準備活動

すごろくをするために、動物を英語で言う練習をすることを伝える。児童は配られたワークシートを見ながら、♪Animal Chantを使って単語を言う練習をする。

活動

①グループに分け、各グループにサイコロを配る（すごろくシートはグループで1枚使う。拡大コピーして使ってもよい）。

②以下のルールを説明し、ゲームを行う。

・順番を決めサイコロが出た目の数だけコマを進める。止まったマスの右肩の○の中にチェックを入れ、以下のようなやりとりを行う。動物の名前が言えなかったら、元の場所に戻る。

　　ほかのメンバー：What's this?
　　サイコロを振った児童：(It's a) snake.（該当のコマの動物）
　　ほかのメンバー：OK./Yes,(it's a) snake.

・矢印のあるマスに止まったら、矢印の先に進んだり戻ったりする。先に進む場合は両方のマスの動物が言えたら進めることとし、戻る場合は、戻った先のコマの動物を言えないと、さらに1つ下がることとする。

・最後は、サイコロの目がぴったり合ったらあがれる。ぴったり合うまでは、元の場所にとどまる。

・振ったサイコロが机から落ちたら棄権となる。

※時間になって途中で終わる場合は、まだ○にチェックの付いていない動物について、その名前を言えた数だけ進んでよいこととします。

※マスの左下の□は、ALTなどが参加したときなどに使用します。あらかじめいくつかの□にチェックを入れ、コマがその□のところに来たらALTのところに行き、英語で簡単な会話をするというルールで行います。使用する□の数や会話の内容などについては、各グループでルールを決めます。

応用活動

動物の名前だけではなく、各マスの左肩に書いてある数字も一緒に言わせることもできます。また、質問を3つ決めておき、グループ全員で質問をするゲームにしてもよいでしょう。

例　①What number (is it)?　(It's) three.
　　②What is it?　(It's a) snake.
　　③Do you like it / shake?　Yes, I do. / No, I don't.

ここが
ポイント

● ルールは臨機応変に変えてOK。全員が楽しめる活動にしましょう。
● 全員が楽しく取り組めるルールであれば、グループで相談してルールを変えてよいこととします。ただし、ひとりでも反対者がいる場合は変えられないこととします。

「動物すごろく」ワークシート

Class		Name	

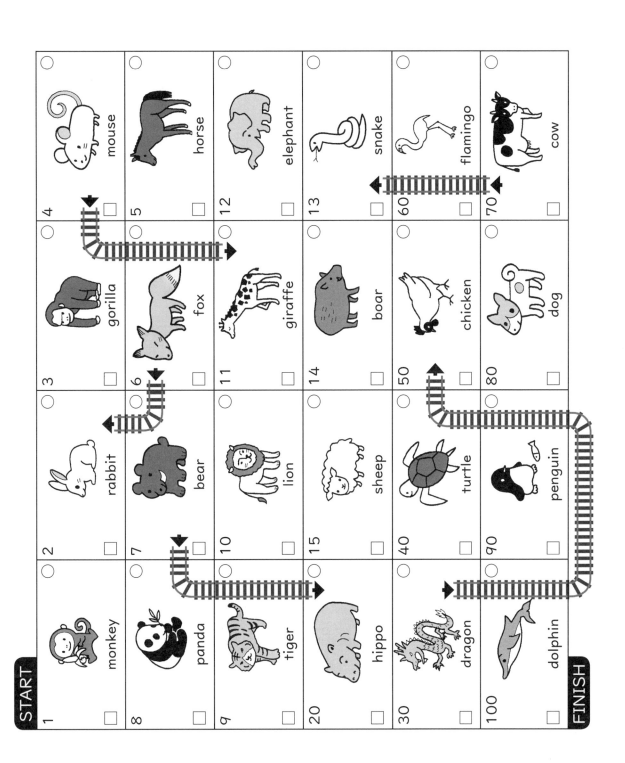

39 へんとつくりゲーム

漢字の「へん」「つくり」をヒントに、ペアで何の漢字かクイズを出し合う
活動です。

全体	個別
ペア	グループ

「聞くこと」
「話すこと」

🔤 ねらい

○習った漢字を素材にしてWhat's this? It's....の表現に
　慣れ親しむ

🔤 準備

●使用する漢字の表など

🔤 進め方

活動

①教師は画用紙などにたとえば「池」と書き、左側の「さんずい」だけを見せて、児童にWhat's this?と質問する。

②児童は、答えと思う漢字を2つ、20秒以内に自分のノートに書く。その後、It's「池」.などと答えさせる。当てた児童にはポイントを与えるなどする。

　※3年生であれば、使用する漢字は、2年生までに習った漢字とします。

　※部首などによって共通している部分を持つ漢字を使用します。

③何回か行ったら、児童自身に問題を作らせて、ペアで3つずつくらいクイズをさせます。その際には、以下のような漢字の表を参考までに示すと児童が問題を作りやすくなります。

例	校 休 森 林 ／ 池 海 汽 活 ／ 近 道 週 遠 ／ 家 字 ／ 魚 黒 ／ 青 麦
	答 算 ／ 男 町 思 ／ 電 雲 雪 ／ 読 話 計

【発展】

3年生・4年生までに習った漢字を加えます。

例	悪 急 想 感 息 ／ 荷 葉 薬 落 苦 ／ 進 運 送 追 速 返
	泳 酒 消 湯 波 温 流 漢 注 港 洋 ／ 箱 第 等 ／ 係 住 代 他 使 仕
	拾 打 ／ 銀 鉄

（3年生の漢字の例）

例	給 結 約 ／ 漁 泣 法 浴 満 ／ 官 完 案 害 ／ 億 付 位 信 伝 低 例 候 仲 側
	径 徒 街 ／ 選 達 辺 ／ 標 松 材 札 極 機 械

（4年生の漢字の例）

40 What's this? Who are you?

写真などの画像を見て、何かを当てる活動です。

ねらい

○クイズに答えながら既習の英語表現に慣れ親しむ
○What's this? Who are you? This is a picture of a 〜 の表現に慣れる

準備

●児童の知っている人、物などをスマートフォンやデジタルカメラなどで撮影し、パソコン上で修正（モザイクをかける、回転させる）などしたり、物の一部だけを撮影したりしたもの

※写真やイラストを加工できる以下のようなフリーソフトも活用するとよいでしょう。

https://freesoft-100.com/review/jtrim.php （Jtrim）

進め方

活動

①テレビや電子黒板プロジェクターなどで映像を見せながらWhat's this? Who are you?などの質問をし、児童に答えさせる。

②児童の答えに応じて、正解を与える。

（発話例）Yes, you're right. This is a picture of a smartphone.

※児童は日本語で答えてもよいこととし、正解を教師が英語で言うようにしましょう。Who are you? はその人になったつもりで答えることにします。

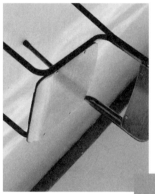

モザイクをかけた画像

回転させた画像

正解 （an eraser and chalks）

正解 （a chair）

ここがポイント

●正解の映像を見せるタイミングがカギ

　児童の身近な人物、学校の建物、備品などを撮影することで、聞くことへの興味を高めることができます。修正前の映像、または答えとなる写真を用意しておき、正解として与えられるようにしておきます。正解の映像を見せながら答えを言うのと、映像を見せてから答えを言うかでは、「聞く」集中度がまったく異なることを押さえておきましょう。What's this? で加工した映像を提示し、児童に考えさせてから、This is a picture of a chair. と発話した後に、答えの映像を見せるようにします。

【リスニングチャレンジ9】

リスニング音声

Class		Name	

　下の絵をよく見ながら、①～⑩の英語の文を聞こう。それぞれどの絵について話しているのかを考えて、問題の番号を、当てはまる絵の□の中に書きこもう。

解答例 166ページ

[Fun Time 2 : クイズを作ろう]

Class		Name	

　オリジナルの「What's this?」クイズを４つ作って友だちに聞いてみよう。何かの一部分の絵をかいて、What's this?とたずねよう。

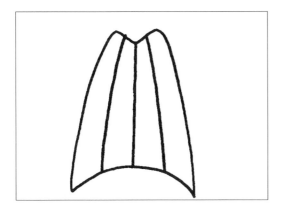

しつ問 **What's this?**
（これは何ですか？）

答え **It's a fish.**
（魚です）

①

②

③

④

41 What Am I?（職業）

先生が出すヒントやジェスチャーから、何の職業かを当てるクイズです。

ねらい
○職業に関する語彙や関連する表現に慣れ親しむ

準備
●ワークシートの①～⑯（職業部分）（p.73）

進め方

準備活動

教師がワークシート「What's Am I?」の①～⑯、Ⓐ～Ⓟを順番に発話し、くり返して言わせる。

活動

ワークシートを見ながら、教師の発話する職業を表す絵をタッチするように指示する。

※ヒントは2回発話することを伝えます。

※1回目は普通のスピードで、2回目は少しゆっくり発話します。

※ヒントを言った後で、教師はその人になったつもりで、ジェスチャーを見せるようにしましょう。

＜ヒントの例＞

cook: I use sugar, pepper, salt and a frying pan. I cook Chinese food. I'm a cook.

pianist: I like music. I play the piano. I'm a pianist.

doctor: Children don't like me. I give you shots. I'm a doctor.

dancer: I like music. I dance to the music. I'm a dancer.

baker: I get up early and bake bread. Do you like croissants? I'm a baker.

astronaut: I like space. I ride on a rocket to space. I'm an astronaut.

carpenter: I build houses. I use hammers and nails. I'm a carpenter.

comedian: I'm funny. I tell jokes. I'm a comedian.

dentist: Children don't like me. I wear white clothes. I use a drill to fix toothaches. I'm a dentist.

firefighter: I drive a red car with sirens or a fire engine. I put out fires. I'm a firefighter.

florist: I like flowers. I sell flowers. I'm a florist.

teacher: I go to school, too. I like children. I'm a teacher.

scientist: I wear white clothes. I use flasks and beakers for my work. I'm a scientist.

vet: I like animals. I help sick animals. I'm a vet.

nurse: I help doctor. I work for the patients. I'm a nurse.

flight attendant: I get on airplanes. I help passenger. I'm a flight attendant.

ここがポイント

●ヒントはまず発話、その後ジェスチャーを見せること

　ジェスチャーがヒントになることを伝えますが、英語を発話した後でジェスチャーを見せることを忘れないようにしましょう。そうしないと、英語を聞く必要がなくなってしまいます。また、ヒントとなる語彙は強調して発話します。答えがわかってもすぐ声に出したり、友達に教えたりさせないようにします。最初にこのような約束をしてから、クイズを行うようにしましょう。

「What Am I?」 ワークシート

Class		Name	

① scientist	② doctor	③ nurse	④ dentist
⑤ baker	⑥ cook	⑦ carpenter	⑧ comedian
⑨ pianist	⑩ dancer	⑪ flight attendant	⑫ firefighter
⑬ astronaut	⑭ florist	⑮ teacher	⑯ vet
Ⓐ beaker & flask	Ⓑ shot	Ⓒ thermometer	Ⓓ drill & mirror
Ⓔ bread	Ⓕ pan	Ⓖ hammer	Ⓗ microphone
Ⓘ piano	Ⓙ dance shoes	Ⓚ airplane	Ⓛ fire engine
Ⓜ rocket	Ⓝ flower	Ⓞ chalk	Ⓟ animal

42 歌を聞いて答えよう・答えを歌ってみよう！

♪Are You A Baker?

全体	個別
ペア	グループ

「聞くこと」
「話すこと」

英語の発話を聞いて、正しい職業の絵を選ぶ活動です。

ねらい

○歌を聞いたり歌ったりすることを通して、Are you a doctor? Yes, I am. / No, I'm not.などの表現に慣れ親しむ

準備

●ワークシート（p.75）
●♪Are You A Baker?　同（カラオケ）

進め方

活動

①歌の歌詞に出てくるQ&Aを聞いて、ワークシートの2つの職業の絵のどちらか、歌詞に合っているほうについて、右下の□にチェックを入れるように伝える。
②歌を聞かせ、ワークシートにチェックを入れさせる。
③再度歌を聞かせ、1つの質問と答えごとに一時停止しながら、答え合わせをする。
④正解（□にチェックの入った絵）を見ながら、歌の答えの部分だけ（Yes, I am. / No, I'm not.）を児童に歌わせる。歌の質問の部分は、教師が歌う。

【応用】

以下のように活動を応用させることもできる。
・歌の質問の部分だけを歌わせる。　・ペアで質問と答えを分担して歌わせる。
・カラオケを使って、教師が歌詞を変えて歌い、正しい答えの職業の△にチェックを入れさせる。

ここがポイント ●カタカナと英語の音の違いに気づかせる

歌の音声をよく聞いて、カタカナで知っている音声とは違うところがあることに気づくよう促します。歌う際は、音声をよく聞いて、そのまままねをして歌うようにすると、より楽しい活動になります。

---

43 2分の1の確率

♪Are You A Baker?

全体	個別
ペア	グループ

「聞くこと」
「話すこと（やり取り）」

友達の好きな職業を推測して当てる活動です。

ねらい

○既習の英語表現の復習、Are you a doctor? Yea, I am. / No, I'm not.の表現に慣れ親しむ

準備

●ワークシート（p.75）
●♪Are You A Baker?　同（カラオケ）

進め方

活動

①児童に、ペアになって相手が2つの絵のどちらを選んだか当てるゲームをすることを告げる。
②歌を歌いながら活動を行うことを告げ、♪Are You A Baker? を1回聞かせる。
③以下の手順で、歌をしっかり練習させる。
　1）音楽を止め、教師の後についてゆっくりと、一緒に練習させる。
　2）e−hについては、♪Are You A Baker?（カラオケ）を流し、歌を練習させる。
④児童に、ワークシートのすべての職業のペアについて、相手が選んだと思う職業を推測して○にチェックを入れさせる。また、自分が好きな職業については♡にチェックを入れさせる。
⑤質問と答えのパートをじゃんけんで決める。質問のパートの児童は相手の答えを予測して、それに基づいた歌詞で歌い、答えのパートの児童は答えを歌う。質問のパートの児童は、歌いながら相手の答えを聞き、自分の推測が当たっていたかチェックしていく。
⑥ひととおり終わったら、パートを交代し活動を続ける。

Class		Name	

Are You a Baker?

	1	2	3	4
a	baker ♡○ △ □	doctor ♡○ △ □	pianist ♪ ♡○ △ □	comedian ♡○ △ □
b	dancer ♡○ △ □	nurse ♡○ △ □	vet ♡○ △ □	firefighter ♡○ △ □
c	scientist ♡○ △ □	pianist ♪ ♡○ △ □	firefighter ♡○ △ □	vet ♡○ △ □
d	doctor ♡○ △ □	baker ♡○ △ □	nurse ♡○ △ □	carpenter ♡○ △ □
e	cook ♡○ △ □	astronaut ♡○ △ □	teacher ABC ♡○ △ □	florist ♡○ △ □
f	carpenter ♡○ △ □	flight attendant ♡○ △ □	dentist ♡○ △ □	scientist ♡○ △ □
g	flight attendant ♡○ △ □	teacher ABC ♡○ △ □	comedian ♡○ △ □	cook ♡○ △ □
h	astronaut ♡○ △ □	dentist ♡○ △ □	florist ♡○ △ □	dancer ♡○ △ □

※マスの□は 42 、♡○は 43 、△は 48 の活動で使います。

44 職業ビンゴ

いろいろな職業に関連する道具をマスに描いてビンゴを行う活動です。

ⒶⒷ ねらい

○ビンゴを通して、I'm a doctor. / Are you a doctor?
Yes, I am./ No, I'm not.などの表現に慣れ親しむ

ⒶⒷ 準備

●ワークシート（p.73）
●3×3マスのビンゴシート（p.144）
〈ビンゴシート記入例〉

ⒶⒷ 進め方

活動

①教師はワークシート「What Am I?」の①〜⑯から9つの仕事を選び、I'm a dentist.のように発話する。

②児童はその職業に関連する道具をワークシート「What Am I?」のⒶ〜Ⓟから選び、ビンゴシートの好きなところに絵を描き込む（右の記入例参照）。
　※教師が机間指導をする、または児童同士で答え合わせをさせるなどして、それぞれの職業に合った道具を選んだか確認しましょう。

③出来上がったビンゴシートを使って、ビンゴゲームを開始する。

④教師はAre you 〜？の質問をする。児童は、その答えとしてYes, I am.で答えられる絵にチェックを付けながら、Yes, I am.と発話する。
　※児童が発話する際は、チェックの付いた道具を使用する人になったつもりで道具を使うジェスチャーをしながら答えるように指示しましょう。
　　T：Are you a doctor?　Ss：Yes, I am.（チェックをつける）

⑤縦、横、斜めに早く3列そろえることができた人が勝ち。9つすべての仕事について発話したところで終了する。

応用活動

時間的に可能であれば、ペアで行う発展型のビンゴにチャレンジさせる。

じゃんけんで勝った人を先攻として、以下のようなルールで行う。

①「職業ビンゴ」のときに、児童がすでに道具を描き込んだビンゴシートを使う（新しく作り直しても構わない）。

②まず先攻の人が、**印をつけたいマス（ビンゴになるのに有利なマス）**を選び、そこに描いてある道具と関連のある職業について、Are you a doctor?のように質問する。後攻の人がYes, I am.と答えたときには、先攻・後攻の双方がそのマスに印をつける。後攻の人は自分が不利になると判断したときには、No, I'm not. と答えてもよいが、自分自身もそのマスに印をつけることができない。

45 Please Touch Your Head

♪Touch Your Head

全体　個別
ペア　グループ

「聞くこと（指示を聞き取る）」

歌や教師の指示に従って体のいろいろな部分をタッチする活動です。

ねらい

○英語の指示に従って体を動かす
○体の部位を表す言葉に慣れ親しむ

準備

● ♪Touch Your Head　同（カラオケ）

進め方

活動

①曲をかけながら、まずは教師が手本を見せる。

②２回目以降は児童も一緒に体を動かす。できる子は目を閉じてやらせてみる。ただし、自信がないときはいつでも見てよいことにする。

③できるようになったら、カラオケを使い、教師が歌詞の順番や内容を替えて歌いながら指示する。慣れるまでは教師は少し遅れて正しい動作を見せ、慣れてきたら指示を言うだけにする。わざと違う動作をしてもよい。間違えた児童は座り、立っている児童が少なくなったら終了。

応用活動

カラオケを使用する。上記の③のように教師の指示どおりに児童は体を動かすが、'Please' が付かないときは動かないというルールにする。間違えたら座り、間違えている人がいないかチェックする。

> **例**　Please touch your nose.（鼻をさわる）Touch your head.（動かない）Please touch your eyes.（目をさわる）Please touch your shoulder.（肩をさわる）Touch your mouth.（動かない）

Touch your ears.

---

46 道具と職業マッチングゲーム

♪Are You A Baker?

全体　個別
ペア　グループ

「聞くこと」
「話すこと（やり取り）」

道具カードに対応した職業カードを持っている人を探す活動です。

ねらい

○活動を通して、I'm a doctor./ Are you a doctor? Yes, I am./ No, I'm not.などの表現に慣れ親しむ

準備

● ワークシート「What Am I?」（p.73）※枠に沿って切り離し、職業のカードと道具のカードをそれぞれ作成する（シート１枚で16人分のセットができる）
● ♪Are You A Baker?

進め方

活動

①児童に、職業と道具のカードを各１枚、計２枚ずつ配る。このとき、それぞれのカードは、医者とマイクといった、関係のない２枚をセットにして児童に渡すようにする。

②児童に、自分の持っている道具を使用する職業のカードを持っている人を、Are you a doctor? Yes, I am. / No, I'm not. Sorry. のやりとりをさせながら探させる。

③質問をする前にじゃんけんをして、勝った人だけが質問できることにする。負けた人は質問できないようにして、多くの友達とやりとりできるようにする。

※ティーム・ティーチングを行っている場合は、教師同士でデモンストレーションをしてみせましょう。

Are you a doctor?

No, I'm not.

ここがポイント

●会話表現に慣れ親しみつつ、他者への配慮にも気づかせる

活動中には♪Are You A Baker?をBGMとして流しておき、活動の時間もあらかじめ決めて行います。会話を始めるときにはExcuse me.、会話を終えるときにはThank you. Goodbye.など言葉を交わすよう指示します。相手に伝わる声の大きさではっきり話すようにすること、また、相手の発話をしっかり聞こうとすることが大切であると伝え、聞こえなかったらExcuse me?と聞き直すように伝えましょう。お互いがスムーズに情報交換できるように心がけることを促しましょう。

47 仲間探しゲーム

「聞くこと」
「話すこと（やり取り）」

同じ動物のカードを持っている人を、ジャンケンをしながら探す活動です。

ⒶⒷⒸ ねらい

○動物の名前の表現に慣れ親しむ
○Are you a <u>monkey</u>? Yes, I am./ No, I'm not.の表現に慣れ親しむ

ⒶⒷⒸ 準備

●動物絵カード（p.79）※p.32の絵カードも使える
●動物絵カード（p.79）の拡大版

ⒶⒷⒸ 進め方

準備活動

　動物の名前について確認する。以下の1〜8を参考に、ジェスチャーや鳴き声などのヒントも与えながら児童に動物名を答えさせる。

1. I'm an animal. I like bananas. I like apples, too. What am I? [monkey]
2. I'm a fantasy creature. I fly in the sky. My body is long. I have scales. What am I? [dragon]
3. I'm an animal. I'm a pet. I say, "Arf arf." What am I? [dog]
4. I'm an animal. I like cheese. I am small and gray. What am I? [mouse]
5. I'm an animal. I'm big. I can run fast. I like carrots. What am I? [horse]
6. I'm a bird. My feathers are white. I say, "Cook-a-doodle-doo." What am I? [chicken]
7. I'm an animal. I'm white. I have long ears. I can jump.What am I? [rabbit]
8. I'm an animal. I'm black and white. I say "Moo". What am I? [cow]

活動

①1〜8の動物の絵のどれかが描かれたカードを児童に1枚ずつ渡し、それを誰にも見せないように言う。児童の数名が同じ絵の描かれたカードを持つことになる。
②仲間探しをするために必要な表現を練習する。
　Are you a <u>dog</u>?　Yes, I am./ No, I'm not.
③足じゃんけんで勝ったら質問をし、自分と同じ絵カードを持っている人をできるだけ多く探し出すように伝える。

●児童が活動に集中できるように配慮しよう
　同じカードが何枚あるのかを前もって児童に知らせる場合、実際の数より1枚多く伝えておきます。早く探し終えた児童が出ると、ほかの児童が活動を続けるのが難しくなるためです。
　自分と同じカードを持っていなかった友達ともしっかりとコミュニケーションを取ることが大切なことを伝えます。あいさつ表現や"Thank you."などの表現を適切に使いながら、心地よい活動を持つことが一番のねらいであることを確認してから開始しましょう。最後の一枚は教師が持っていたことにしましょう。

「仲間探しゲーム」動物絵カード

monkey

cow

mouse

chicken

rabbit

horse

dog

dragon

48 Guess What I Am!

全体　個別
ペア　グループ

「聞くこと」
「話すこと（やり取り）」

ペア同士で質問し合い、相手の選んだ職業を当てる活動です。

ねらい

○ゲームを通してAre you a doctor? Yes, I am./ No, I'm not.の表現に慣れる

準備

●ワークシート（p.75）

進め方

活動

①ペアになる。

②児童は、ペアの相手にわからないように、ワークシート「Are You a Baker?」（P.75）のタテのa〜h列それぞれについて、1〜4の職業のうち、1つを選び、△にチェック印を付ける。

③交互に2回ずつ質問をして、相手がどの職業を選んだか当てる。

　まずa列で行い、2回で当たらなかった場合は答えを言い、次のb列の4つの職業で行う。一番下の段の職業まで終わった時点で、当てた回数の多かった方の勝ち。

　例　A：Are you a pianist?　B：No, I'm not.
　　　A：Are you a doctor?　B：No, I'm not. I'm a comedian.

④時間があればペアを替えて、ほかの友達とも行う。

ここが
ポイント

●ALTやJTEと協力して、正しいやりとりを飽きずに続けられるように

　児童が正しくやりとりができるように、教師は質問を発話しながら、机間指導をするようにしましょう。また、途中で児童対教師（ALT）の良いやりとりを、みんなの前でやってもらいましょう。中間評価として、良かった点を児童に答えてもらいます。そうすることで、活動への興味を高めることができます。その後、もう一度、児童同士でやらせると取り組み方が変わるはずです。すばらしいやりとりをしている児童の取り組みをほめたり、どんなことが大切か、後半の活動では何を一番大切に行うかを考えさせたりしてから、活動を再度実施します。

リスニング音声

Class		Name	

①～⑤の英語を聞いて、だれがじこしょうかいをしているのかを考えて、線でつなごう。

① ●   ● A

② ●   ● B

③ ●   ● C

④ ●   ● D

⑤ ●   ● E

解答例 167ページ

49 あいさつメモリーゲーム

世界のあいさつを体験しながら、いろいろな国の文字にも親しむ活動です。

ねらい

○世界のあいさつを使いながら、英語以外にも世界にはさまざまな文字があることに気づく
○世界のあいさつを使って、相手に配慮し、顔の表情や声の調子、ジェスチャーも使いながら気持ちを届ける体験をする

準備

●世界のあいさつと文字カード（p.83）

進め方

準備活動

①右ページのカードを拡大したものなどを使い、国旗を見ながら世界のあいさつを何度か聞いたり言ったりする。
②教師がランダムにあいさつを言い、児童はそのあいさつをする国の国旗をタッチする。（Helloは4ヵ所ある。どれか1つタッチするのでもよい。）
　聞こえた通りにくり返して発話しながら活動する。

活動

①4〜5人のグループを作る。
②各国のあいさつカードを裏返しにして重ね、グループの真ん中に置く。
③Aの児童から順番に、重ねてあるカードを1枚ずつ取る。
　取ったカードの表の国旗と文字を見て、グループのメンバーにその国のあいさつをする。メンバーもそのあいさつを返す。その際、声の調子やジェスチャーなどで相手にどんな気持ちを届けたらよいか考える。
④次にB、C、D、Eと同様に進めていく。重ねたカードがなくなるまで続ける。わからない場合は友達同士助け合う。
⑤同じ要領でAから順に行う。
　次はメモリーゲームの要素を入れる。Aがカードを取ってあいさつしたら、次のBは、Aの言ったあいさつを繰り返してから新たなカードを取ってその国のあいさつをする。次のCは、A、Bの言ったあいさつを返してから新たにカードを取ってあいさつをする。このようにして前の人が言ったあいさつを言って自分のカードのあいさつを付け加えていく。カードがなくなるまで続ける。途中でわからなくなったりしたら、カードでヒントを出してあげるなどして助け合う。
　＊覚えて言えるだけではなく、心地よい挨拶ができているかを大切にすることをねらいとします。カードの数を5枚くらいで行うとよいでしょう。
　例　A：（カードをめくって、出た国の国旗と文字を見て）ボンジュー(ル)！
　　　B：ボンジュー(ル)！　（カードをめくり）ニィハオ！
　　　C：ボンジュー(ル)！　ニィハオ！　（カードをめくり）ナマステ！
　　　D：ボンジュー(ル)！　ニィハオ！　ナマステ！　（カードをめくり）ハロー！
　　　E：ボンジュー(ル)！　ニィハオ！　ナマステ！　ハロー！
　　　　　（カードをめくり）ズドラストビチェ！
　　　A：ボンジュー(ル)！　ニィハオ！　ナマステ！　ハロー！
　　　　　ズドラストビチェ！　（カードをめくり）オラ／ブエナスタルデス！
　　　　　……カードがなくなるまで続けます。
⑥2回目は、Eから逆回りに始めるなど順番を変えて、いろいろなあいさつと各国の文字に親しむことができるように、工夫して行うとよいでしょう。

〈カードの国名とあいさつは以下の通り（左上から）〉

韓国（アンニョンハセヨ）、ケニア（ジャンボ）、アメリカ合衆国（ハロー）、フランス（ボンジュー(ル)）、スペイン（オラ）、カナダ（ハロー）、中国（ニィハオ）、ドイツ（グーテンターク）、 オーストラリア（ハロー）、インド（ナマステ）、ロシア（ズドラストビチェ）、英国（ハロー）

「世界のあいさつと文字」カード

안녕하세요	Jambo
Hello	Bonjour
Hola	Hello
你好	Guten Tag
Hello	namaste
Здравствуйте	Hello

50 あいさつ世界旅

全体	個別
ペア	グループ

「聞くこと」
「話すこと」

自己紹介をする際に、世界のあいさつを取り入れて、あいさつで世界をめぐるゲームをします。

Ⓐ Ⓑ Ⓒ ねらい

○いろいろな国々のあいさつに慣れ親しむ
○世界のあいさつを使いながらたくさんの友達と関わり、自己紹介をする

Ⓐ Ⓑ Ⓒ 準備

●世界のあいさつと文字カード（p.83）（掲示用）
●あいさつ世界旅カード（p.85）No.1～No.3（児童数分）
●学習形態―教室内を自由に動いて活動できるように設定する。

Ⓐ Ⓑ Ⓒ 進め方

【準備活動】
p.83の「世界のあいさつと文字」カードで教師が国名やあいさつを言い、児童がカードをポイントする復習を行う。

【活動】
①「あいさつ世界旅」カードの3種類のカードを各自が持つ。3種類全部を使うが、使う順番は自分で決める。
カードのそれぞれの国のあいさつを皆で確認する。
②3つのカードから1つを選び、カードを4つ折りにして、全員が①の国旗を友達に見えるようにして教室内を動く。
③No.1なら最初の国が日本なので、同じ国旗を見せている人とペアを組み、「こんにちは」とあいさつをする。さらに、お互いに名前、好きな物〔食べ物・動物・スポーツ・アニメ・ゲームなど何でも〕やきらいな物を1つずつ紹介する。（必要であれば右ページ下のような自己紹介カードも使用）
〔やりとり例〕
A：「コンニチハ」 My name is Akiko. I like bananas. I don't like snakes.
B：「コンニチハ」 My name is Ken. I like baseball. I don't like green peppers.
A／B：Thank you! 次にジャンケンをして See you.とあいさつして別れる。
④ジャンケンの勝者は次の国に行くことになる。〔※敗者については下記◆印参照〕
「あいさつ世界旅」カードの2番目の国が見えるようにカードを折り直す。No.1なら2番目の国「フランス」を見えるようにする。今度は同じフランスの国旗を示している人を見つけて「ボンジュー（ル）」とあいさつを交わし、そこで再びその相手と自己紹介をし合う。
⑤さらにまたジャンケンをして勝者は3番目の国へと進む。同じ国旗を示している人を探してペアを作り、これまでと同様に自己紹介をし合う。
⑥勝者は4番目の国へと進み、あいさつ・自己紹介・ジャンケンを同様に行う。勝者は「世界旅のゴール」となり着席する。
◆ジャンケンの敗者は、再び同じ国のあいさつを続ける。ここでは日本の国旗を見せている相手を見つけてあいさつ・自己紹介・ジャンケンをして勝者になったら次の国のあいさつへと進むことができる。このようにして世界のあいさつ・自己紹介・ジャンケンを繰り返しながら世界旅を続けてゴールをめざす。最後まで残った場合、先生のところに行き、その国のあいさつをして次に進む。

ここが
ポイント

●世界旅を進めていくとジャンケンの相手が少なくなります。
　すでにゴールしている人たちは世界旅をしてきたので、どんなあいさつにも対応できるので、あいさつカードを広げて示しいろいろな言語のあいさつで声をかけてあげます。世界旅の途中の人は自分のカードに合うあいさつの人のところに行って自己紹介をします。このようにして、ゴールしている人と、あいさつ・自己紹介・ジャンケンを繰り返しながら最後の国までゴールできるまで世界旅をやり抜きます。たくさんの友達と関わり助け合って、世界のあいさつをたくさん使い、何度も自己紹介を繰り返して達成感を得ます。また、先にゴールした人も活動中の人を助けながら最後までゲームに参加することができます。

「あいさつ世界旅」カード
—世界のことばであいさつしよう！　じこしょうかいをしよう！

Greeting of the World No.1

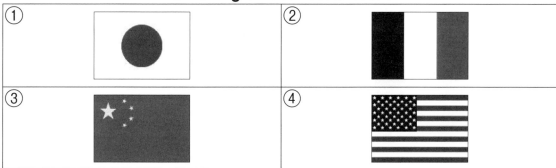

Greeting of the World No.2

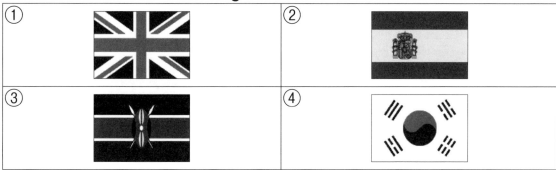

Greeting of the World No.3

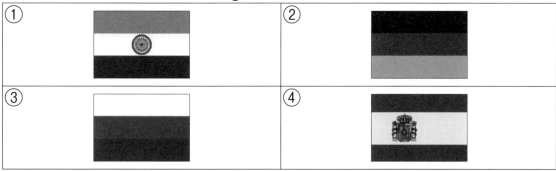

【自己紹介カードの例】

※「あいさつ世界旅」の補助的付属的
　カードとしても、自己紹介だけの活
　動としても使えます。

51 今日の天気です

♪How Is The Weather?

全体　個別
ペア　グループ

「聞くこと」
「話すこと（やり取り）」

教師の発話を聞き取り、天気をワークシートに描き込んでいく活動です。

ねらい

○天気に関する英語表現に慣れ親しむ
　A：How is the weather in <u>Osaka</u>?
　B：It's <u>rainy</u>.

準備

●ワークシート（p.87）
● ♪How Is The Weather?

進め方

活動

①黒板などに天気図記号を示しながら、教師が天気を表す英語表現「It's sunny / cloudy / rainy / snowy / windy.」を発話する。※学年などに応じて、天気図記号が難しいと思える場合は、イラストなどで代用してもよいでしょう。
　例　sunny：○（☀）　cloudy：◎（☁）　rainy：●（☂）
　　　snowy：⊗（❅）　windy：🚩（💨）

②ワークシート「今日の天気は？　1．国内へん」を配る。教師は人形などを手にして、腹話術の要領で1人2役でQ&Aを発話する。児童はその発話を聞き、ワークシートの欄内にイラストや天気図記号を描き込む。ALTなどがいる場合は、教師2人でデモンストレーションを見せる。※教師は最初に例を示します。
　例　T1：How is the weather in <u>Yokohama</u>?
　　　T2：It's cloudy. It's cloudy in <u>Yokohama</u>.（児童がワークシートに記入したらイラストや天気図記号を黒板に描く）

③ワークシート「今日の天気は？　2．海外へん」についても同様に行う。教師は、♪How Is The Weather?のチャンツと同じ内容を発話し、児童に聞かせ、児童は答えを聞き取ってワークシート「今日の天気は？　2．海外編」の1のマスに記号を書き込む。

④ワークシート「今日の天気は？　2．海外へん」を見ながら、教師の質問に答えさせる。
　例　T：How is the weather in New York? Is it sunny?　Ss：Yes it is.

ここがポイント
●教師たちは本物のキャスターになりきって、活動を盛り上げよう
　あらかじめALTと協力し、ALTが天気予報のキャスターのまねをした動画などを作成しておきます。このようなものを授業の初めに見せると、動機づけとなって活動に積極的に取り組むでしょう。

52 どの都市の天気かな？

♪How Is The Weather?

全体　個別
ペア　グループ

「聞くこと」
「話すこと（やり取り）」

教師の英語のヒントを聞いて、どこのことを言っているのかを考えて答える活動です。

ねらい

○It's <u>London</u>.の発話練習をする
　New York, Paris, HongKong...

準備

●ワークシート「今日の天気は？　2．海外へん」(p.87)
● ♪How Is The Weather?

進め方

準備活動

　全員で♪How Is The Weather?を聞きながら、It's〜.と地名を答える表現の練習をしておく。

活動

①児童はワークシート「今日の天気は？　2．海外へん」中の2のマスを見ながら、教師のヒントを聞く。
　ヒントの例）It is in <u>Europe</u>. It's <u>cloudy</u>. Harry Potter is from this place. Where is it?

②ワークシートを見てどの部分か答えがわかったら、It's <u>London</u>.と発話する。

③教師はヒントをもう一度聞かせ、答え合わせをする。

「今日の天気です」「どの都市の天気かな？」「そちらのお天気は？」ワークシート

Class		Name	

◎今日の天気は？　１．国内へん

都市	天気	都市	天気
<ruby>大阪<rt>おおさか</rt></ruby>		<ruby>横浜<rt>よこはま</rt></ruby>	
<ruby>京都<rt>きょうと</rt></ruby>		<ruby>水戸<rt>みと</rt></ruby>	
<ruby>高松<rt>たかまつ</rt></ruby>		<ruby>盛岡<rt>もりおか</rt></ruby>	
<ruby>熊本<rt>くまもと</rt></ruby>		<ruby>札幌<rt>さっぽろ</rt></ruby>	

天気図記号と
イラストのれい

sunny ：○ （☀）
cloudy ：◎ （☁）
rainy ：● （☂）
snowy ：⊗ （❄）
windy ：⚑ （💨）

◎今日の天気は？　２．海外へん

都市名	天気		都市名	天気	
	1	2		1	2
ロンドン		◎	香港（ホンコン）		◎
	3	4		3	4
	1	2		1	2
ニューヨーク		○	北京（ペキン）		⊗
	3	4		3	4
	1	2		1	2
台北（タイペイ）		●	シドニー		○
	3	4		3	4
	1	2			
パリ		⚑			
	3	4			

※３、４のマスは 54 の活動で使います。

53 今日の天気と おすすめファッション

天気に合わせたファッションを友達に考えてあげます。

ねらい

○相手意識を持って、友達のために天気に合わせたファッションを考える

○普段身につけている衣服や持ち物の英語の言い方に慣れ親しむ

準備

●衣服カード（以下のようにワークシートに貼り付けられるもの）

●ワークシート（p.89）

進め方

準備活動

衣服に関する対話をして、相手の好きそうな衣服について情報を得る。

まず、ALTなどとデモンストレーションをして見せる。

例　Do you like pants / skirt / T-shirt / a backpack / sneakers?

　　　Yes, I do. I like pants. / No, I don't like skirt. I like pants. 等

活動

①ペアの相手のために、まず各自天気を選び、その天気に合わせた衣服のコーディネートをワークシート上で行う。あまり時間をかけないようにする。ワークシートに衣服の絵を簡単に描くか、下のような衣服カードを貼るなどの工夫もできる。絵を描かせる場合は、空き時間を使わせたり、宿題にしたりする。

②できあがったら、ペアでお互いのためにコーディネートしたファッションを紹介する。

例　A：ワークシートを見せながら簡単な紹介をする。

　　　This is for you. It's sunny.

　　　Put on T-shirt, sneakers and a backpack.

　　　You look cool/nice/good.

　　　Do you like it?

③お互いにワークシートを紹介したあと、お礼や気持ちの言葉を交わせるようにする。

　　　A：Here you are.　　B：Thank you. I'm happy. / I like this fashion.

【衣類カード例：ほかにも身につけるものを児童が考えてもよい】

「今日の天気とおすすめファッション」ワークシート

Class		Name	

( ) さんのためのい服コレクション
( ) より

【例】 Snowy Day's Fashion	Sunny Day's Fashion	Rainy Day's Fashion	Snowy Day's Fashion
持ち物・上着など			
上下のい服			
くつ下やくつ			

54　そちらのお天気は？

 ♪How Is The Weather?

全体／個別／ペア／グループ

「聞くこと」
「話すこと（やり取り）」

教師の発話を聞き取り、イラストや天気図記号をワークシートに描き込む活動です。

ねらい
○天気に関する英語表現に慣れ親しむ

準備
●ワークシート「今日の天気は？　2．海外へん」(p.87)
●♪*How Is The Weather?*

進め方

準備活動

①ペアになり、向き合って座る。
②♪*How Is The Weather?*を聞き復習をする。

活動

①児童各自が各地の天気を決めて、ワークシート (p.87)「今日の天気は？　2．海外へん」の3のマスにイラストや天気図記号を描き込む。
　※相手には見えないように描かせます。
②教師が各都市の天気について一斉に聞き、児童は聞かれた都市について自分が描き込んだ天気を答える。ペアの相手と答えが同じだったら勝ちで、7問中4問以上当たったペアは「勝ち越し」となる、などのルールを告げる。
③まずは、教師がHow's the weather in Sydney?と、ワークシートにある地名の天気について質問をする。
　※質問をするとき、地名はワークシートの順番どおりではなくランダムに選ぶようにしましょう。
④自分が描いた天気を見ながら、教師の質問にIt's sunny/cloudy/rainy/snowy/windy.と、ペアの相手と同時に答える。相手と答えた天気が同じだったら、地名に○を付けておく。3つ以上互いに同じ天気を選んだペアがいたか確認する。
⑤ペアで答えた天気が異なっていた地名（○の付いていないところ）について、ペアで質問をし合い、ワークシートの4のマスに相手の天気を描かせる。

 ここがポイント

●質問の答えは、みんなで一斉に答えさせる
　教師が質問をした後は、リズムをそろえてみんなで息を合わせて、一斉に答えるようにします。答える際、It's sunny.の冒頭、It'sの部分は、教師も声を出して児童をリードするようにします。

55　真実の口（お天気編）

全体／個別／ペア／グループ

「聞くこと」
「話すこと（やり取り）」

発話されたことが本当かうそかとっさに判断できるかを、ペアで楽しむ活動です。

ねらい
○内容を考えながら英語を聞く練習を通して既習表現に慣れ親しむ
○天気や地名の表現に慣れ親しむ

準備
●その日の全国や世界の地域の天気などの情報
　※表や天気図などを黒板に提示しておきます。

進め方

活動

①ペアになって机をはさんで向かい合い、片手を机に置く。じゃんけんをしてどちらかが「真実の口」役になる。
②教師が全国各地や世界の各地域の天気や天候について英語で発話し、児童はその発話を黒板などに貼ってあるその日の天気情報などと照らし合わせる。教師の発話がうそだと思ったら、真実の口役の児童は自分の手を口のようにして相手の手をはさみ、もうひとりはすばやく手を引く。真実の口役が間違ってはさんだら負け、逆に相手は少しでもふれられたら負けとする。　出題例）It's <u>sunny</u> in <u>Sapporo</u>. It's <u>rainy</u> in <u>Nagasaki</u>.
③5題ぐらいで役を交替する。

It's Sunny in Hokkaido.

 ここがポイント

●天気だけでなく、学校内や身の回りの事柄も使ってみよう
　児童が理解できる内容を使って、楽しく既習表現の復習ができます。
　例　・Kamekichi（教室で飼っている亀）is a dog.　　Bananas are pink.

リスニング音声

今日の天気は？

Class		Name	

Step1：①〜⑤の英文を聞いて、どこの天気について話しているのか聞き取って記号（①②③④⑤）を書こう。

Step2：下の表を見ながら会話を聞いて、当てはまる天気の絵をかこう。

Step3：下の表の絵を見ながら、「○○（地名）ではどんな天気ですか」というしつ問に、"It's 〜." と答えよう。

	おきなわ 沖縄県	さ が 佐賀県	いしかわ 石川県	か な がわ 神奈川県	ほっかいどう 北海道
Step1 ①〜⑤					
Step2					
Step3	It's _____	It's _____	It's _____	It's _____	It's _____

天気の絵　☀…sunny　☁…cloudy

☂…rainy　⛄…snowy

解答例 167 ページ

56 My Schedule
－本当かうそか？－ ★発展

| 全体 | 個別 |
| ベア | グループ |

「聞くこと」
「話すこと（やり取り）」

1週間のスケジュールを見て、発話の内容が本当かうそかを判断する活動です。

ⒶⒷⒸ ねらい

○1週間のスケジュール表を使って、曜日や教科を尋ねたり答えたりして表現に慣れ親しむ
○On...（曜日）の表現に慣れさせる

ⒶⒷⒸ 準備

● 1週間のスケジュール表（教師作成のもの）とスケジュールワークシート（p.93）
● 曜日を示す絵カードなど

ⒶⒷⒸ 進め方

活動

①ペアを作り、教師作成のスケジュール表を2人で共有する。
②スケジュール表を見ながら教師の発話を聞き、その内容が本当かうそかを判断したり、どの曜日かを答えたりする。

例　本当かうそか
　　T：This is my schedule.　I study English on Monday.　Yes or no?
　　Ss：（スケジュール表を見て判断する。）　Yes! / No!

例　何曜日のこと？
　　T：I study Japanese and music.　What day is it?　On...?
　　Ss：（スケジュール表を見て）...Japanese, music...（It's）Friday!　On Friday!

③児童の実態や取り組む時間等を考慮して、児童自身のスケジュールをワークシートで作成させて、互いに問題を出し合うこともできる。特別スケジュールで有名人と勉強する計画も立てるとより楽しい活動になる。

スケジュール例①

例　本当かうそか
1）T：This is my schedule. I study
　　　science on Monday.　Yes or no?
　Ss：Yes!
　　T：OK, that's right.　I study science
　　　on Monday.
2）T：I study music and P.E. on
　　　Thursday.　Yes or no?
　Ss：No!
　　T：OK, that's right.　On Thursday I
　　　study music and home
　　　economics.

スケジュール例②　　　　※各曜日の下欄にその日の最後の授業を一緒に勉強してみたい有名人の名前や歴史上の人物の似顔絵やイラスト・写真などをかき入れると夢のスケジュールができます。

例　一緒に勉強したい人は？
1）T：This is my schedule.
　　　I study social studies with
　　　Mozart（モーツァルト）.
　Ss：No.　Hideyoshi.
　　T：OK, that's right.　With
　　　Hideyoshi.
2）T：I study music with Beethoven
　　　（ベートーベン）.　What day is it?
　Ss：Friday.　On Friday!
　　T：No, sorry.　It's on Wendnesday.

「**My Schedule**」 ワークシート

Class		Name	

Sun.				
Sat.				
Fri.				
Thu.				
Wed.				
Tue.				
Mon.				With

57 先生のお気に入りTV番組は？

「聞くこと」
「書くこと」

番組表を使ってクイズを出し、どの番組のことを言っているのか考えます。

AB ねらい

○教師のお気に入りのTV番組について聞きながら、曜日、時間の表現に慣れ親しむ

　T：I like this TV program. It starts <u>at 6:00 on Saturday</u>.

　Ss：(It's) Konan!

AB 準備

●TV番組表（新聞や雑誌から切り抜いたもの、または、p.95のものなどオリジナルに作成したもの）

AB 進め方

準備活動

用意したTV番組表を配り、2分間、何曜日にどんな番組があるのかをよく見させる。教師の話を聞いてどの番組が好きかを考える。

　例　T：I like Wednesday.

　　　Ss：(Do you like) 世界の麺？

　　　T：No. On Wednesday, It starts at 10:00. I like <u>お薬手帳</u>.

最初、2～3回同様の練習をする。

活動

①時間、曜日の部分を強調して、教師が自分の好きなTV番組を英語で紹介する。児童の実態に応じて朝（morning）や夜（evening）などを使うこともできる。

　例　T：I like this TV program. It starts <u>at 7:00/on Monday（evening）</u>.（7:00の後ポーズを置いて考えさせてから、2秒後にon Monday（evening）を言う。）

②児童は番組表を見て、番組名を答える。

　例　Ss：○○○（番組名）？

　　　T：No, it isn't ○○○./Yes, it is ○○○. I like ○○○...

　　　Ss：□□□（別の番組名）？

　　　T：No, it isn't □□□. Give up? I like ○○.

　　　Ss：Boo!（なぁんだ！）

　※2問目、3問目の練習問題では、違う曜日や時間帯の番組を紹介するようにします。

　I like this TV program. It starts <u>at 6:00 on Tuesday（morning）</u>.

③番組表を使って「リスニング・チャレンジコーナー」をすることを告げ、1から7までの番号をノートに書かせる。

　※問題にはすべての曜日を使用するようにします。

④教師の発話を聞いて、児童は教師が好きな番組7つをノートに記入していく。

　例　T：No. 1. I like this TV program. It starts at 8:00 on Monday.

　※発話は、ノーマルスピードで2度言うようにします。

⑤最後にもう1度ゆっくり発話し、答え合わせをする。

【応用】

教師が番組名を発話し、児童は番組表を見て、曜日と時間を言う。

　例　T：△△△（火曜8時放送の番組名）　Ss：It's on at 8:00 on Tuesday.

ここがポイント

●適度なヒントを与え、自発的に考えさせて語彙の定着を促す

　練習では、at 6:00などと言いながら黒板に数字を書くようにします。また、黒板にそれぞれの曜日のつづりの最初の文字「S M T W Th F Sa」を書き、曜日を発話するときに指さします。こうすることで、日本語で説明しなくても、時間や曜日の言い方を導入することができます。

「先生のお気に入りTV番組は？」シート

Class		Name	

オリジナルTV番組表〔夕かん〕

Sun.		Mon.	Tue.	Wed.		Thu.	Fri.	Sat.
あやしい ニュース	5:00	食前 ヨガタイム	土ひょう 人生	天気予想	5:00	ママさん ラグビー	みんなの 鼻歌	アジアの アリさん
てきとう クッキング	6:00	ためして ガッカリ	メダカ 中けい	にん者 メンマくん	6:00	栃木の ニュース	ようかい ドッチ	か面 サイダーX
アワビ さん	7:00	フェイク ニュース	ピカえもん	クレパス リンちゃん	7:00	ドラチュー	ぎょうざ ずきの あなた	学校も 行こう！
世界 ローカル線 の旅	8:00	ウルドラ マンZ	サイレント ミュージック	世界のめん	8:00	みんなの うちゅう人	お月様に ほえろ	校歌で ハッピー
マンザイ サンデー	9:00	E－SPORT	下町 ロボット	オヤジの 料理	9:00	かいさつ 24時	金曜 アニメショー	万葉集を 読む
ねる前 体そう	10:00	世界の 子守うた	世界の 時ほう	お薬手帳	10:00	ハワイ いってQ	みんよう タイム	文ぼう具 ランキング

【リスニングチャレンジ12】

リスニング音声

Class		Name	

Step1：下の曜日の表を見ながら、①～⑦の英文を聞こう。何曜日のことを言っているのか、あてはまる曜日の□の中に問題の番号を入れよう。

Step2：英語の天気よほうをよく聞いて、下の曜日の表に天気を表す絵をかこう。

□Sun. 日曜日	□Mon. 月曜日	□Tue. 火曜日	□Wed. 水曜日	□Thu. 木曜日	□Fri. 金曜日	□Sat. 土曜日

イラストのれい

sunny　　cloudy　　rainy　　snowy　　windy

解答例 168ページ

Class		Name	

　下のカレンダーを見ながら、①〜⑦の英語の文を聞こう。10月のテストや行事の予定について聞いて、その日が何曜日か英語で答えて（It's Thursday.）から、①〜⑦に曜日の頭文字（S、M、T、W、Th、F、Sa）を書こう。

①	②	③	④	⑤	⑥	⑦

10月　October

Sun.	Mon.	Tue.	Wed.	Thu.	Fri.	Sat.
			1	2	3	4
5	6	7	8	9	10	11
12	13	14	15	16	17	18
19	20	21	22	23	24	25
26	27	28	29	30	31	

解答例 168ページ

58 今、何時？ ★発展

全体	個別
ペア	グループ

「聞くこと」

世界各地の時間について、教師の英語を聞き取りながら表を埋める活動です。

AB ● ねらい

○時差に関する学習を取り入れながら、英語での時間を
表す表現に慣れ親しむ
　It's 10:20 a.m./p.m.

AB ● 準備

●ワークシート（p.99）

AB ● 進め方

活動

教師の発話を聞き、児童はワークシートの「現地時間」の欄に各地の現地時間を書き込んでいく。完成した表を確認しながら、時差があることに気づかせる。

例　T: It's 10:20 a.m. in Shanghai.

※このとき、日本の時間は授業を行っている時間に設定する。

＜各地と日本との時差＞
※時差の計算の参考にしてください。

バンコク	キャンベラ	釜山（プサン）	上海（シャンハイ）	ロンドン	ロサンゼルス	ワイキキ	ストックホルム
−2	+1	±0	−1	−9	−17	−19	−8
7:00 a.m.	10:00 a.m.	9:00 a.m.	8:00 a.m.	（12:00 a.m.）	4:00 p.m.	2:00 p.m.	11:00 p.m.

※枠外の時刻はロンドンが真夜中の午前0時のときの各地域の時刻（日本は午前9時）

●時刻を黒板に書くのは必ず発話した後！
　音声をしっかり聞かせるために、教師は必ず発話した後で時刻を書き込むようにし、その後でもう一度発話するようにします。

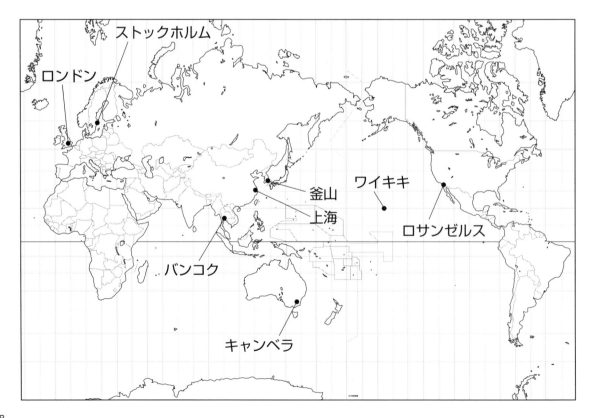

「今、何時?」ワークシート

Class		Name	

a.m.=午前　p.m.=午後

	バンコク	キャンベラ	釜山	上海
現地時間	：	：	：	(例) 10：20 a.m.

	京都（日本）	ロンドン	ロサンゼルス	ワイキキ
現地時間	：	：	：	：

59 何時から始まる？

♪A Week Song

全体 | 個別
ペア | グループ

「聞くこと」
「話すこと（やり取り）」

テレビ番組欄などを使って、時刻の言い方を練習する活動です。

ねらい
○身近な表を利用して、時刻に関する表現に慣れ親しむ

準備
● ♪A Week Song
●ワークシート「夜のテレビ番組表」（p.101）

進め方

準備活動

♪A Week Songを聞き、曜日の言い方を思い出す。歌えるところは一緒に歌ってみる。

活動

①ワークシートを見ながら、教師は曜日を英語で発話し、児童は教師の発話に合う時刻や番組名を○で囲み、それらが始まる時刻を英語で答える。テレビ番組表だけでなく、時間割を使って行ってもよい。（その場合は教師は曜日と科目・活動名を言う。）

例　T：It's Tuesday. The news is on-air now. What time is it?
　　Ss：It's 6:30 p.m.

②時間割を使った場合は以下のように行う。

例　T：It's Monday. Math is starting now. What time is it?
　　Ss：It's 11:25 a.m.

「何時から始まる？」ワークシート

Class		Name	

夜のテレビ番組表

時こく	Sun.	Mon.	Tue.	Wed.	Thu.	Fri.	Sat.
6:00	あさりさん			すもうファン	ニュース NEWS		
6:30			毎日ニュース			天気よほう	
7:00	サッカー中けい	マッスル・パワー			プロ野球中けい		
7:30			ザ・クッキング				スーパー・エイゴ ABC
8:00			クイズ・ビリオネア			ミュージック・ジャム	
8:30		スクールへ行こう！					
9:00				コックのお仕事			プロ野球ニュース

60 毎日すること

♪Get Up!

全体　個別
ペア　グループ

「聞くこと」
「話すこと（やり取り）」

教師が行うジェスチャーを見て、日常生活に関連した動作の表現に親しみます。

ねらい

○歌に合わせて、ジェスチャーを行ったり歌ったりしながら、日常生活に関連した英語表現に慣れ親しむ

準備

●♪Get Up!
●絵カード・ワークシート（p.103）

進め方

活動

①Simon says. のゲームを行う。指示の前に "Simon says" が付けばその通りにし、付かないときは何もしないルールで行う。最初は教師の英語を聞いてALTやJTEが指示に合ったジェスチャーを行う。それを見てまねるように伝える。表現を導入しながら確認として右ページの絵カードを拡大して黒板に貼っていってもよい。

例　T：Simon says:

Get up.	Wash your face.
Brush your teeth.	Wash your hands.
Have your breakfast.	Change your clothes.
Do your homework.	Take a buth.
Go to bed.	Say "Good morning/Good night."

②教師は順番を変えて指示を出し、ALTと一緒に児童にもそのジェスチャーを行わせる。慣れてきたら目を閉じさせて行う。

③今度はALTにランダムに指示を出してもらい、児童にすばやくジェスチャーを行わせる。

④ワークシートを配る。音源の♪Get Up!を意味を考えさせながら聞かせる。

⑤歌に合わせて内容に合ったイラストをタッチさせる。

⑥歌に合わせて言えるところを言ってみる。

⑦ALTのジェスチャーを見て、どの動作についてのものかを英語で言わせる。

ここがポイント

●こっそり見てもOK。大切なのはきちんと発話の意味を理解すること

③では、なるべく教師のジェスチャーを見ないで行うように促しますが、自信がないときはこっそり見てもいいことにします。ALTにわざとまちがったジェスチャーをしてもらうとよいでしょう。ALTはまちがったジェスチャーをする可能性があることを伝えておきます。

「毎日すること」絵カード

Class		Name	

Get up.	Brush my teeth.	Have breakfast.
Check your homework.	Comb your hair.	Wash my face.
Take a bath.	Change my clothes.	Go to bed.

61 リーダーを探せ

♪Get Up!

全体　個別
ペア　グループ

「聞くこと」
「話すこと（やり取り）」

動作を表す表現を使って、動きの中心となるリーダーを探偵役の児童が探す
活動です。

ねらい

○教師の指示を聞いたり、その動作のジェスチャーを行っ
たりしながら、日常生活に関連した表現に慣れ親しむ

準備

● ♪Get Up!
　※プレイルームなどの机・イスのない教室で行う

進め方

準備活動

♪Get Up! の歌にあわせてみんなで動作をする。

活動

①教師が発話した動作をリーダーが最初に行い、ほかの人はリーダーの真似をする。そして、中央にいる探偵役の子は
それを見て、誰がリーダーかを当てる、というゲームであることを告げる。

②児童を円にして立たせ、円の中央に立つ探偵役を1名決める。

③探偵役に目を閉じさせ、その間に教師がリーダーを1名指名する。

④リーダーに指名された児童は声を出さずに手を挙げ、自分がリーダーであることを友達に示す。

⑤探偵役に目を開けさせ、教師は 'Brush your teeth.' のように指示を出す（指示の内容については、p.102のアクティ
ビティ60「毎日すること」参照）。

⑥リーダーはまず、全員への合図として、教師の指示とは関係のない動作をしてから、歯を磨く動作をする（Brush
your teeth.の場合）。

　例　頭をかいてから、歯を磨く動作をする。

　※リーダーは必ず、教師が指示を出してから5秒以内に動作をしなければならないこととする。

　※探偵がリーダーの方を見ていないときが、動作をするチャンスとなる。

⑦ほかの児童はリーダーの2つの動作を見て、それとそっくり同じ動きを行う。

⑧探偵は誰がリーダーかを推測して名前を言う。推理が当たったら「探偵の勝ち」となり、探偵役を交代する。そのと
きのリーダーが次の探偵となる。3回行う間に探偵がリーダーを探せなかったら、「探偵の負け」となる。この場合も、
最後の動作でリーダーだった児童が次の探偵になる。

　※1回動作をするごとにリーダーは交代する

ここが
ポイント

●最初の動作は児童の自由な発想を尊重して、活気のある活動に
　クラスサイズが大きいときは、円を2つ作って2グループに分かれて行います。リーダーの動作は全員
にちゃんと見えるようなものでなければいけませんが、「2回ジャンプして動作をする」「せき払いやくしゃ
みをして動作をする」など、いろいろなアイディアで行っていいことにします。

【リスニングチャレンジ14】

Class		Name	

絵を見ながら①〜⑥の英文を聞いて、話している内ように合うように時こくを入れよう。(例：9：30 a.m.)

62 あなたの机を透視します

机の上の文房具の場所を尋ねたり答えたりする活動です。

ねらい

○文房具など、学校で使う物や持ち物を尋ねたり答えたりする表現に慣れ親しむ

準備

●ワークシート（p.107）
●鉛筆

進め方

準備活動

①文房具のいろいろな語を復習する。

②自分の家の机の上を想定し、下表から4つの文房具を選んで、ワークシート上の4か所の好きな位置に簡単な絵を描く。

活動

①進め方について、教師とALTなどでデモンストレーションを行う。

②ペアになる。一方は自分が描いたものを以下のように2回発話する。

例　A：I have a glue stick, notebook, pencil case and scissors（on my desk）.

もう一方は相手の発話を聞いて、机の上のどこにどんな文房具を置いているかを推測し、ワークシートの「友だちのつくえ」上に、相手の机の上にあるものを描く。

③絵が描けたら、A〜Hのそれぞれについて、以下のように「○○がありますか」と質問して、答え合わせを行う。

例　A．Do you have a glue stick?　Yes（, I do）./No（, I don't）.
　　B．Do you have a pen?　　　　Yes（, I do）./No（, I don't）.
　　C．
　　⋮
　　H．

例　A：____、B：glue stick、C：eraser、D：____、E：____、F：notebook、G：____、H：scissors.

④一人が終わったら交代して同じことを行う。

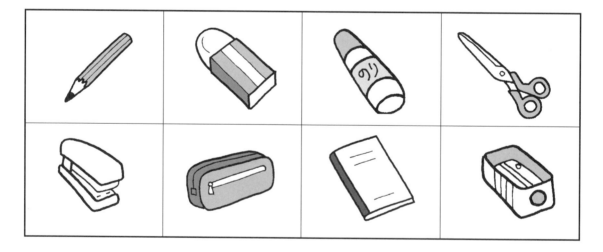

「あなたのつくえをとうしします」ワークシート

Class		Name	

自分のつくえ

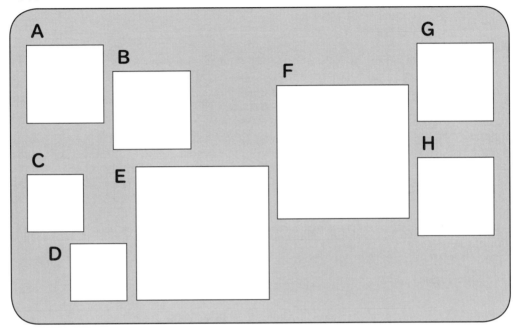

友だちのつくえ

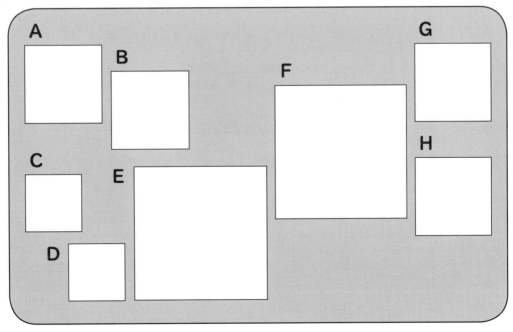

63 NGワードはどれだ！ ★発展

全体	個別
ペア	グループ

「聞くこと」
「話すこと（やり取り）」

フードピラミッドを使い、リズムに乗って食材の語彙を練習する活動です。

ねらい
○フードピラミッドを使って食材の語彙に慣れ親しむ

準備
●ワークシート（p.112）

進め方

準備活動

①フードピラミッドについて簡単に説明する。

②フードピラミッドに分類された食材の語彙を教師が順番に発話する。

活動

①夕食にとるものを麺（めん）、丼（どんぶり）、鍋（なべ）、カレー、サラダから決めさせて、fat（しぼう）、sugar（とう）、protein（たんぱくしつ）、vitamine（ビタミン）、carbohydrate（炭水化物）のカテゴリーからなるべく1つずつ、全部で6つ自分の好きなものを選んで○を付けさせる。

②各自が選んだものについて、教師が質問をして、各自に答えさせる。

　例　T：I have butter for my dinner. Do you have butter?

　各自はその食品に○を付けていたら、Yes, I do. 付けていなかったら、No I don't.で答えさせる。

③次に、料理に使うものを順番に発話していくチャンツリレーを6～7人のグループで行う。教師は始める前に料理名を決めておく。（例：Soup）また人と同じ食材を言ってはいけないこと、教師が決めたNGワードを言った人がいるグループは負けとなることを伝え、どのグループがリズムをくずさずに続けられるか、グループの人数の2倍の回数を実施する。1人につき2回発話することとなる。まずは、スープに入れるものから行う。最後にNGワードを伝える。

　例　I have butter in my soup. I have milk in my soup. I have mayonnaise in my soup.
　　　（・は拍を表す）

④カレーやサラダなど、他の料理でもう一度行う。

ここがポイント

●チャンツリレーは絵カードを活用して、なるべく全員が均等に発話できるように

　③では、同じものを言ってはいけないので、自分とみんなが発話した食材には各自印を付けさせておきます。このようにするとみんなが発話していない食材を探しやすくなり、リズムをくずさずに発話する手助けとなります。

64 友達の好みを当ててみよう！

ペアになって、質問をしながら相手が選んだ食材を当てる活動です。

ねらい

○ゲームを通して食材の名前に関する英語表現に慣れる

準備

●ワークシート（p.112）

進め方

準備活動

①ワークシート上の食材を教師がランダムに発話し、児童はそのイラストにタッチする。
②次は教師の発話を聞いてイラストをタッチしながらくりかえす。

活動

①パスタ、ピザ、サラダ、スープを作ることを想定し、それぞれについて自分の好きな食材を「フードピラミッド」から選ぶことができると伝える。
②まずパスタを作ることを想定し、各カテゴリーから１つ選んで○をつける。
③ペアになる。じゃんけんで勝った方から質問をし、相手が選んだものを各カテゴリーから当てていく。

例
　Q：Do you have <u>sugar</u> in your pasta?
　A：Yes, I do./ No, I don't.

④同様にして、ピザ、サラダ、スープの順に進めていく。

例
・Q：Do you have <u>beef</u> on your pizza?
　A：Yes, I do./ No, I don't.
・Q：Do you have <u>radish</u> in your salad?
　A：Yes, I do./ No, I don't.
・Q：Do you have <u>bread</u> in your soup?
　A：Yes, I do./ No, I don't.

●質問は、教師が指揮をとってみんなで一斉に発話するのもよい
　発話に慣れるまでは、質問をする時は各自バラバラにするのではなく、教師の指示で声を合わせて一斉に質問するようにしてもよいでしょう。テンポよく、また集中して行えます。
　例　Do you have <u>sugar</u> in your <u>pasta</u>?　の下線部分以外は教師も大きな声でモデルを示します。

65 鍋ビンゴ

教師が発話する食材の絵を自分で描き、それを使ってビンゴを行います。

ねらい

○ビンゴを通して、食材に関する語彙、I have 〜. の英語表現に慣れ親しむ

準備

●「なべビンゴ」シート（p.111）

進め方

活動

① 「なべビンゴ」シートを配る。鍋の周囲に描かれている食材を教師がチョコレートから時計回りに順に発話するのを聞きながらシートのイラストにタッチする。時折、1つとばしたり、言い間違いしたりすることで、集中させるようにする。

② 次に教師が、I like *tofu.* I like ice cream. などランダムに発話し、当てはまるイラストにタッチする。

③ 教師が自分の鍋に入れたい具材について9個発話する。児童は各自、その具材の絵をシートの好きなマスに簡単に描く。時間がない場合や絵を描くのが難しい場合は、数字を書いてもよいこととする。

　 例　I have <u>milk</u> in my *nabe.*

④ 9マスが埋まったら、答え合わせを兼ねて全員で9つの文を発話し、ビンゴゲームを始める。

⑤ 教師は同じ食材で、もう1度前回と異なる順番で発話する。

⑥ 児童はシート上で、発話されたものに印を付けていく。縦、横、斜めに3本できたら上がり。

ここがポイント

●絵を描くことに時間を取りすぎないように

　早く描かないとビンゴゲームをする時間がなくなることを告げると、短時間に絵を描くことがスムーズに行えます。絵は自分がわかればよいことにします。

「なべビンゴ」シート

Class		Name	

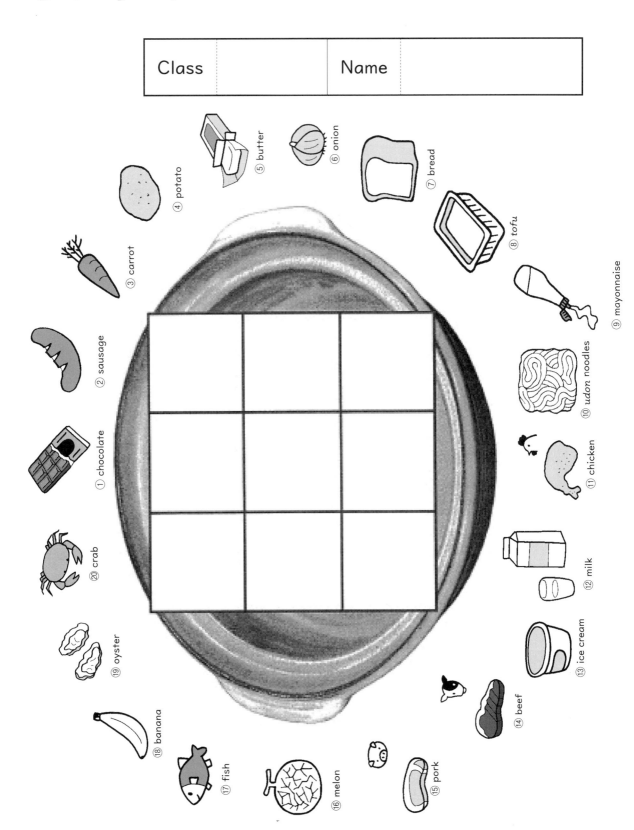

④ potato
⑤ butter
⑥ onion
⑦ bread
③ carrot
⑧ tofu
② sausage
⑨ mayonnaise
① chocolate
⑩ udon noodles
⑳ crab
⑪ chicken
⑫ milk
⑲ oyster
⑬ ice cream
⑱ banana
⑭ beef
⑰ fish
⑯ melon
⑮ pork

「NGワードはどれだ！」「友達の好みを当ててみよう！」ワークシート

Class		Name	

フードピラミッド

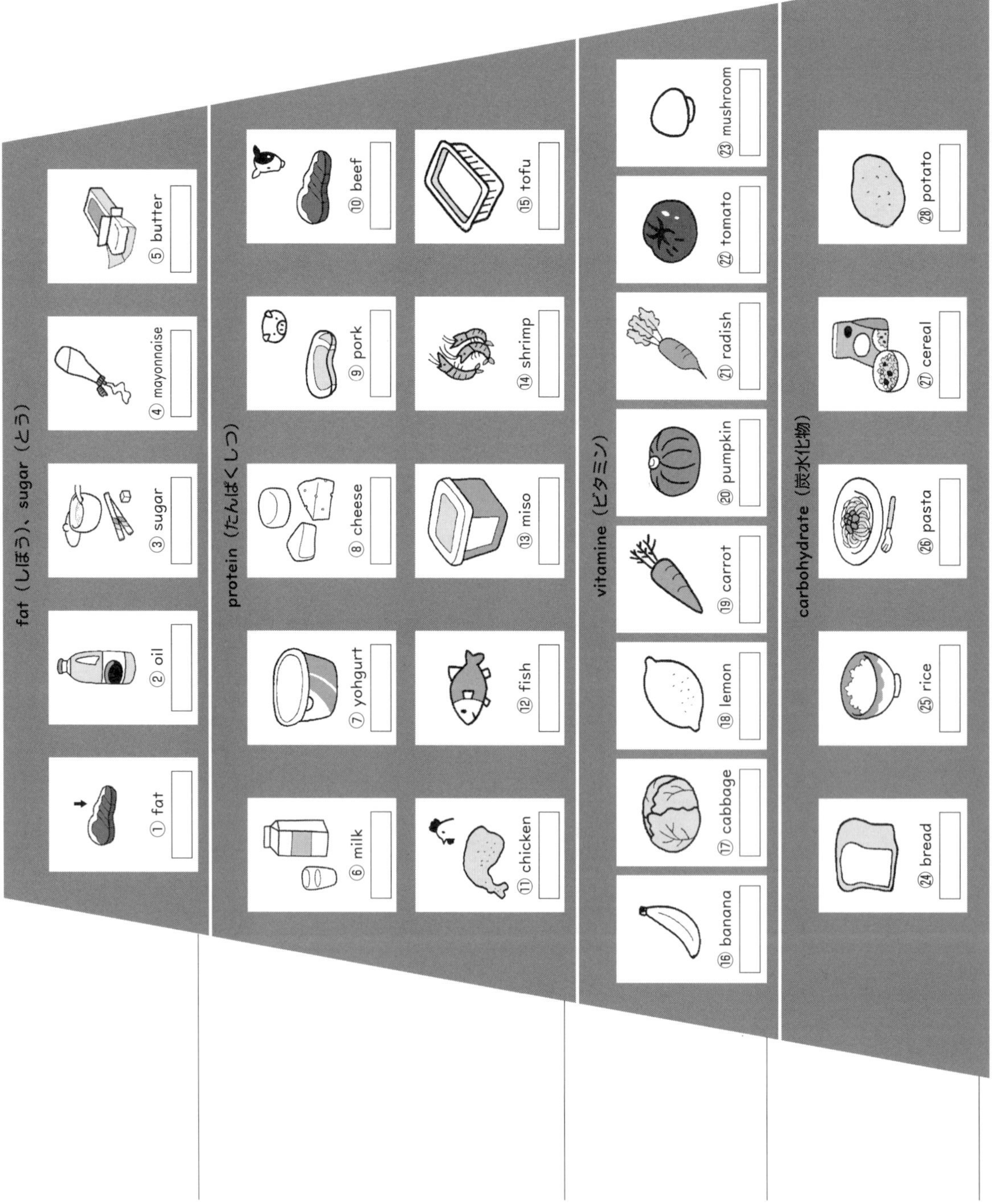

fat（しぼう）、sugar（とう）

① fat
② oil
③ sugar
④ mayonnaise
⑤ butter

protein（たんぱくしつ）

⑥ milk
⑦ yohgurt
⑧ cheese
⑨ pork
⑩ beef
⑪ chicken
⑫ fish
⑬ miso
⑭ shrimp
⑮ tofu

vitamine（ビタミン）

⑯ banana
⑰ cabbage
⑱ lemon
⑲ carrot
⑳ pumpkin
㉑ radish
㉒ tomato
㉓ mushroom

carbohydrate（炭水化物）

㉔ bread
㉕ rice
㉖ pasta
㉗ cereal
㉘ potato

【リスニングチャレンジ15】

Class		Name	

①〜③の英語を聞いて、どの筆箱の中身のことを言っているのか（　　）に書こう。

A（　　）

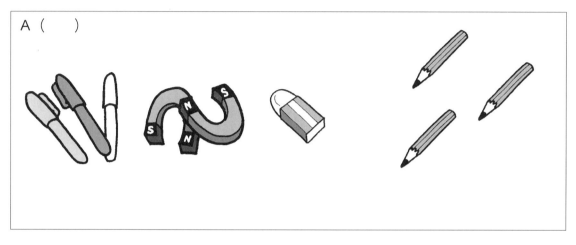

B（　　）

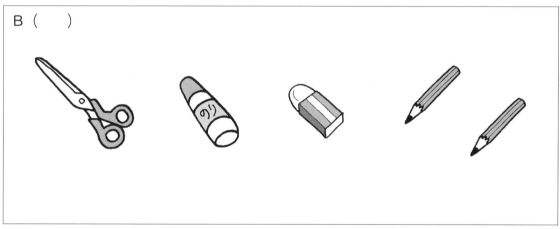

C（　　）

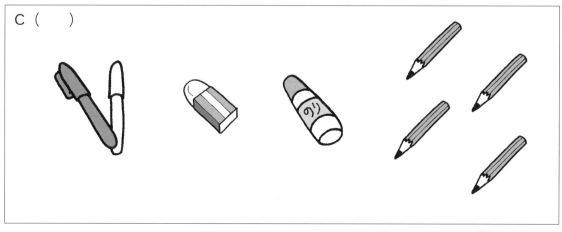

66 あなたの頭の上のアルファベット

グループで協力し、お互いにアルファベットの小文字を当てる活動です。

◀ABC▶ ねらい

○友達と協力して、アルファベットの小文字の形に慣れ親しむ

◀ABC▶ 準備

●アルファベット小文字カード（1カード1文字でカード26枚をグループに1セット）
●3〜4人のグループを作っておく

◀ABC▶ 進め方

準備活動

復習としてアルファベット・ソングを歌う。黒板にアルファベットカードを提示して、形を意識させながら歌わせるとよい。

活動

①グループで文字を当てる順番をA、B、C、Dとして決める。

②カードに書かれたアルファベット小文字を1番目の児童Aの頭上に持たせる。この児童Aにはアルファベットの文字が見えないようにする。

③他の児童B、C、Dは、声に出さずにAの頭上のアルファベットの形を体の動きで表現する。それを見て児童Aは自分が持っているカードのアルファベットを当てる。

　※グループで協力し、アルファベットの形を体で表現したり、発音の口の動きで表現したりしてアルファベットの形を当ててもらう（声を出さずに発音する際の口の動きや形を見て当てる）。

④アルファベットを当てることができたら、次の人（B→C→D）に交替して同様に進める。

⑤グループのメンバーで協力して行い、26文字の小文字をなるべく多く当てられるようにする。競争ではなく、1文字ずつ丁寧に確実に当てていくことが大切と伝えながら、アルファベットの小文字に慣れ親しませる。

67 アルファベット・ウェーブ

クラス全体でウェーブを作りながら、アルファベットに親しみます。

ねらい

○友達が発音したアルファベットに耳を傾けて聞き、次に自分が発音するアルファベットを正しく発音して次の人に伝える活動を通して、アルファベットの名前の言い方に慣れ親しませる

準備

●特になし。補助的に黒板にアルファベットカードを掲示してもよい

進め方

準備活動

復習としてアルファベット・ソングを歌う。

活動

①クラス全員がひとつの輪になって座る（20〜25人程度だとよい。それ以上の場合はクラスを2つに分けて行う）。

②スタートの児童が、"a"と言いながら手を上げて、そして下げる（ウェーブ作り）。
次の児童はその後すぐに"b"と言いながら同様に動作をする。3人目が"c"、4人目が"d"と同じことを繰り返す。"z"までいったら、また"a"から続ける。少しずつスピードを上げていく。ただし、速さを強調するとアルファベットの発音が曖昧になるので、隣の人と声が重なった場合や、しっかり発音が聞こえない場合は戻ってやり直しをする。

③慣れてきたら、"ab"→"cd"→"ef"と2文字ずつ発音しながらウェーブを作る。
さらに慣れてきたら、"abc"→"def"→"ghi"のように3文字ずつ発音してウェーブを作る。一、二度でやめないで何度も繰り返し、発音もウェーブも流れるようになるようにクラス全体で助け合い励まし合いながら行う。

④さらにレベルアップすると、アルファベットの最後の"z"から逆に発音していくことなどもできる。このときは黒板にアルファベットを貼り、見ながらできるようにする。

※早口になると手を上げてウェーブを作ることを忘れがちになりますが、いつも発音とウェーブ作りを意識させて行います。流れるようにできたらクラス全体で達成感を味わうことができます。1音ずつはっきり言うようにします。

68 アルファベット・メモリーゲーム

全体　個別
ペア　グループ

「聞くこと」
「話すこと」

アルファベットを記憶してグループに伝え、協力して単語を作るゲームです。

ABC ねらい

○グループで協力しながらアルファベットの小文字とつづりに慣れ親しむ

ABC 準備

●出題用の絵カード（capのように３文字〜４文字程度の既習の単語）
※絵カードの裏面にcapのつづりがあるもの。もしくは、絵カードとは別にcapの文字カード
●アルファベット小文字カード（１カード１文字のカード26枚をグループに１セット）
●右のワークシートをグループに１枚ずつ（伝えられた文字を順に並べてシートに置く）
●３〜４人のグループを作っておく

ABC 進め方

準備活動

教師が言うアルファベットを聞いて、カードやワークシートなどにタッチするなどの復習をする。

活動

①３〜４人のグループを作り、文字を伝える順番（児童❶、❷、❸、❹）を決める。

②ALT/教師が、各グループの最初の児童❶を、廊下など他の児童には見えない、聞こえない場所に集合させる。

③ALT/教師は、各グループの最初の児童❶に音声のみで“c[si:] – a[ei] – p[pi:]”と伝える。最初の児童❶は何度も“c – a – p”と唱えるなどして暗記する。このときは、ALT/教師はまだ絵カードは見せずに、音声のみを聞かせるようにする。

④各グループの児童❶は、グループに戻り、暗記したアルファベットを、聞いた順に他のメンバーたちに伝える。伝えられたメンバーは、ワークシートに、伝えられた順番に文字カードを並べて置く。

⑤各グループごとに、並べたアルファベットを c - a - p と読み上げ、クラスで答え合わせをする。

⑥その後、ALT/教師が絵カードを示し、さらにその言葉の文字を示して“cap”という言葉ができたことを知らせる。

⑦同様にして順番に児童❷、児童❸、児童❹とアルファベット・メモリーゲームを行っていく。
二巡三巡と行い、音声で慣れ親しんだ言葉とアルファベットを結びつけながら、小文字に慣れ親しませる。

※伝言を受けてグループに戻ったら、聞き返すことはできないルールで行い、最初にしっかりと聞くことに注意させます。

「アルファベット・メモリーゲーム」ワークシート

	《グループメンバー名： 》
例	伝えられたアルファベットカードをじゅんにならべましょう。 c a p
1	
2	
3	
4	
5	
6	

69　文字と数字は覚えたかな

ゲーム感覚で、アルファベットや数字を探したり、言ったりする活動です。

ねらい
○小文字のアルファベットの表記と数字の語彙に慣れ親しむ
○簡単な計算の復習（CLIL）

準備
●小文字と数の表（以下）

進め方

活動1

①児童に、小文字の表を見ながら、教師の言うアルファベットをよく聞いて、3秒以内に表の中から探すように言う。
②教師は5つほどアルファベットを言い、児童に表の中から探させる。

活動2

①慣れてきたら、今度は教師が言うアルファベットの下にある数字（式の場合は、その答えの数）を英語で答えるように言う。
②教師はアルファベットを言った後、3秒たったら正解の数字（式の場合は、その答えの数）を教え、児童はもう一度正しい答えの数字を言う。（式の場合、答え合わせの例：o "Three plus five is eight." と英語で言う。）
③次は、教師が言う数字の上にあるアルファベットを答えさせる。

＜小文字と数の表＞

a	b	c	d	e	f	g	h	i
5	6	7	8	9	10	11	12	13
j	k	l	m	n	o	p	q	r
20	22	33	44	55	3＋5＝	6＋6＝	12＋7＝	9－2＝
s	t	u	v	w	x	y	z	
16－5＝	26－10＝	2×3＝	4×7＝	9×8＝	2÷2＝	35÷7＝	60÷5＝	

＋：plus　　－：minus　　×：times　　÷：divided by

 リスニング音声

Class		Name	

①〜③の英語のつづりを聞いて、バラバラになったピースをつなごう。

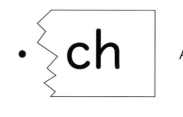 A

① ・

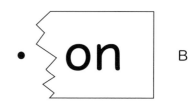 B

② ・

 C

③ ・

 D

ヒント

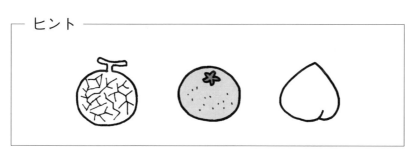

解答例 170 ページ

70 What do you want?

全体 | 個別
ペア | グループ

「聞くこと」
「話すこと」

すごろくゲームを通して、ほしい物をたずね合う表現をたくさん体験します。

🅰🅱🅒 ねらい

○果物や野菜の他にもたくさんの食べ物を使い、友達と楽しくすごろくゲームを行いながら、ほしい物をたずね合う表現に慣れ親しむ

🅰🅱🅒 準備

● ワークシート（p.121）
● サイコロ（グループ数）、すごろくのコマ（児童数分）

🅰🅱🅒 進め方

準備活動

「What do you want?　すごろく」シートを使って教師が言った内容をポイントさせるListen & Touchを行う。

活動

①3〜4人程度のグループを作る（5人以上だと活動量が少なくなる）。
②❶、❷など順番を決めて、サイコロを振りながらすごろくの順路に従って、ゴールを目指してゲームを進める。
③1人（❶）がサイコロを振る。サイコロの目の数だけ進んだ場所で、他の児童が"What do you want?"と尋ねる。描かれている絵を見て❶が"I want rice.""I want an egg and *miso* soup."などと答える。
④次の順番の人（❷）がサイコロを振り、同様に続ける。
⑤fruit、drink、Anything の場所では、ほしい物を何でも答えてよいことにする。
⑥jump＋1などの場所ではプラスの分だけ前に進み、Jump−1などではマイナスの分だけ戻る。
⑦全員がゴールするまで行う。
　※使用するサイコロを目が1〜3程度の特製サイコロにすると、すぐにゴールしてしまうことがなくなります。

　ゴールの時には、以下のように、自分が手に入れたものを言わせることもできます。
　I have _____ for breakfast, _____ for lunch, and _____ for dinner.

71 果物・野菜プレートを作ろう

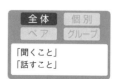

友達と好きな果物や野菜を伝え合い、自分や友達のために
果物・野菜プレートを作ります。

ねらい

○自分が好きな果物や野菜を伝え合いながらI want ～.の表現に慣れ親しむ
○相手の好みを考えながら、友達のために果物や野菜のプレートを作る

準備

●さまざまな果物と野菜の絵カード（3cm×5cm程度のサイズのカードで、マグネット付きにすると便利）
●ワークシート（p.123）（紙皿なども使用できる。個人用マグネット板があれば便利）
●果物ブース・野菜ブース（クラスの人数によってそれぞれのブースを3～4程度作る。児童の活動量が少なくならないように配慮する）

進め方

①クラスの児童の半数を買い物客、半数を店員（果物・野菜各ブース）とする。
②買い物客と店員は前半と後半で役割を交替して活動する。
③店員は、プレートワークシート（もしくはマグネット板）を持つ。
④果物ブース・野菜ブースには果物カード、野菜カードを十分に準備しておく。
⑤各ブースでやりとりを行い各自がプレートを作る。（活動1 と 活動2 のどちらかでも可。活動2 は友達との関わりを大切にし、相手意識がより高まる活動になる。）

活動1

自分の好きな物、ほしい物を集めよう！

S（shopper）：買い物客、SA（shop assistant）：店員

S/SA：Hello.
SA　：What do you want?
S　　：I want bananas. Bananas, please.
SA　：OK. How many?（ないときはSorry.）
S　　：Two bananas, please.
SA　：OK. Here you are.
S　　：Thank you. See you.
SA　：You are welcome. See you.

※前半の客は、制限時間まで他のブースをまわり、いろいろな果物や野菜を集めます。前半終了のところで、どんな物を、なぜ集めたのか紹介し合います。後半は役割を交換して同様に行います。
※前半後半の全てが終わったところで、集めたものを紹介し合い、なぜそれを集めたか説明し合うこともできます。

活動2

友達のために果物・野菜プレートを作ろう！

※やりとりの基本は 活動1 と同じです。
※事前にペアを作る場合は、ペアの相手に好きな果物や野菜をあらかじめ聞いておくこととします。
　例　S：What fruit/vegetables do you like?

※前半後半の活動が終了したところで、ペアの相手に、プレートを差し出してプレゼントします。
　例　A：This is for you.
　　　B：Thank you. I'm happy.

※お互いに、相手のために集めた果物や野菜に対してお礼の気持ちなどを表現し合うことによって、達成感や満足感を得ることができます。

[活動の際の教室の使い方例]

教室前面

果物ブース　　児童の活動量が
十分になるように、
ブースの数はクラスの
野菜ブース　　人数により調整する

「果物・野菜プレートを作ろう」ワークシート

Class		Name	

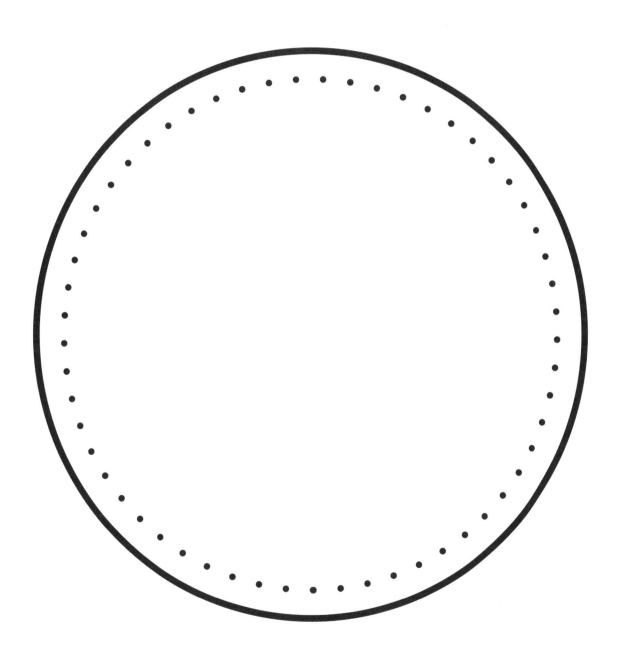

72 どの食材を入れたい？

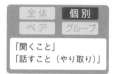

教師が言う食材を入れたいか入れたくないか、考えて答えながら好みの料理
を完成させる活動です。

・・・

ねらい

○食材（野菜・果物など）の表現に慣れ親しむ
　I want ＿＿ in my *miso* soup. Do you want ＿＿ ？
○Yes, / No, / So-so.に慣れ親しむ

準備

●ワークシート（p.125）
●鉛筆

進め方

準備活動

　ワークシートの具材を教師が発話し児童がポイントする復習（Listen & Touch）を行う。

活動

①右のワークシートを配り、みそ汁、ちらしずし、お好み焼きについて、どんな食材を入れたいか、教師が質問する。
　I want onion in my *miso* soup.
　Do you want onion?
　児童には下記のように返答するように伝える。

例　その材料を料理に入れたい　　　Yes, I do. I want onion (in my *miso* soup).
　　入れたくない　　　　　　　　　No, I don't. I don't want onion (in my *miso* soup).
　　どちらでもよい　　　　　　　　So-so.

※文で言うのが難しい場合は、Yes./No.と答えるだけでもよいことにする。

②児童は英語で返事をしてから、ワークシート表の中のYes./No./So-so.の該当する欄に○を書く。

「どの食材を入れたい？」ワークシート

Class		Name	

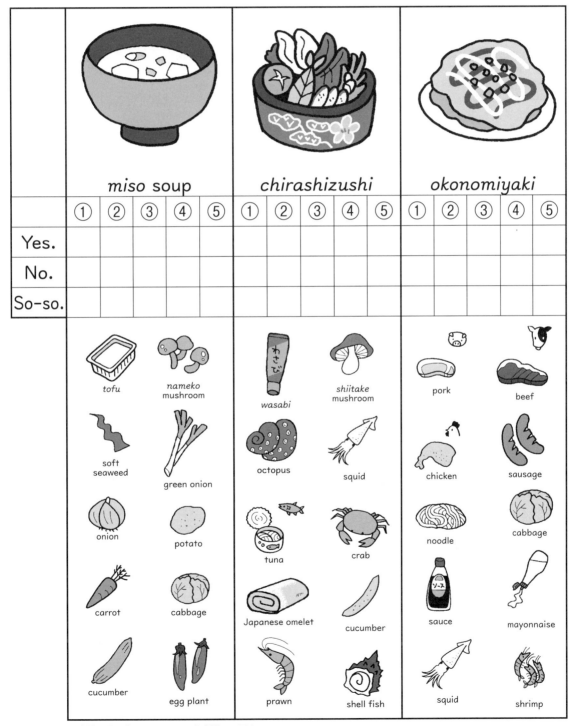

	miso soup ①	②	③	④	⑤	*chirashizushi* ①	②	③	④	⑤	*okonomiyaki* ①	②	③	④	⑤
Yes.															
No.															
So-so.															

miso soup
- *tofu*
- *nameko* mushroom
- soft seaweed
- green onion
- onion
- potato
- carrot
- cabbage
- cucumber
- egg plant

chirashizushi
- *wasabi*
- *shiitake* mushroom
- octopus
- squid
- tuna
- crab
- Japanese omelet
- cucumber
- prawn
- shell fish

okonomiyaki
- pork
- beef
- chicken
- sausage
- noodle
- cabbage
- sauce
- mayonnaise
- squid
- shrimp

※食材の言い方はp.109、111を参照して下さい。

73 スペシャルピザ作り

オリジナルのスペシャルピザを考えて英語で紹介する活動です。

Ⓐ Ⓑ ⓒ ねらい

○食材の語彙の復習
○What do you want? I want....の表現を使って自己表現
　を行う

Ⓐ Ⓑ ⓒ 準備

●ワークシート（p.127）

Ⓐ Ⓑ ⓒ 進め方

活動

①ピザの上に乗せたい具材を、絵から（4つまで）選んでワークシート上に描く。

②自分がオリジナルピザとして乗せたい具材を□の中に描く（複数描いてもよい）。

③ピザを完成させ、以下のように友達に紹介する。聞き手は発表やピザの感想などを伝えるようにする。グループで「ヘルシーで賞」「リッチで賞」「おいしそうで賞」などを選びクラスで発表し投票させるなどして、互いの発表を認め合うようにするとよい。

例　S : I want corn, tomato, sausage, and *mentaiko* on my pizza.
　　Ss : *Mentaiko*. Good idea!/Healthy!

「スペシャルピザ作り」ワークシート

Class		Name	

マイスペシャルトッピング

tomato  onion  pineapple

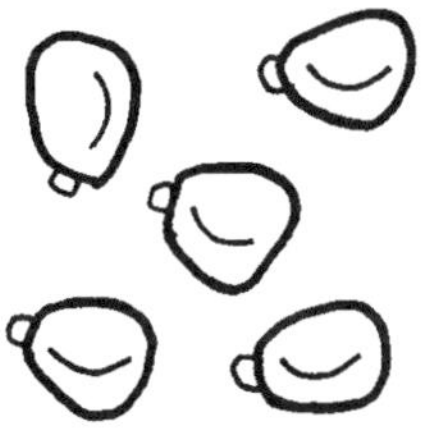

corn 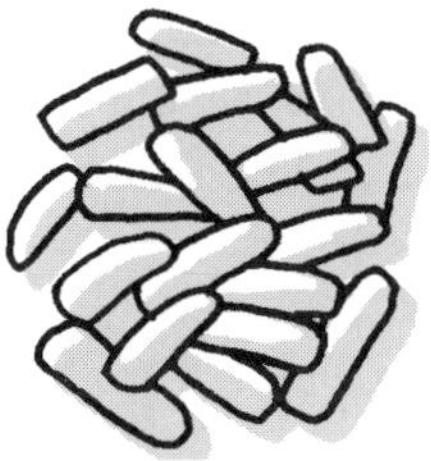 cheese 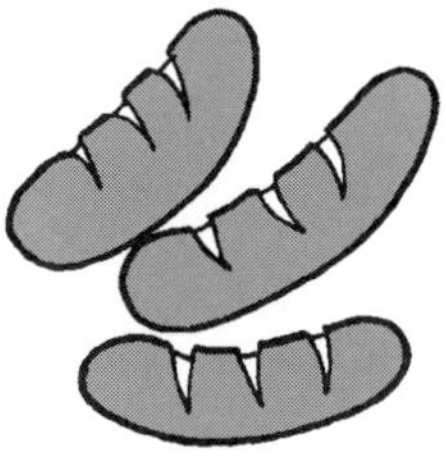 sausage 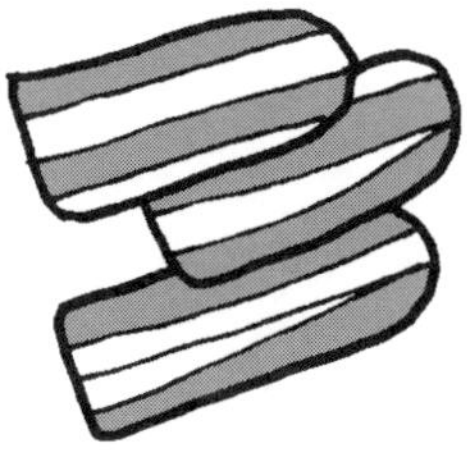 bacon

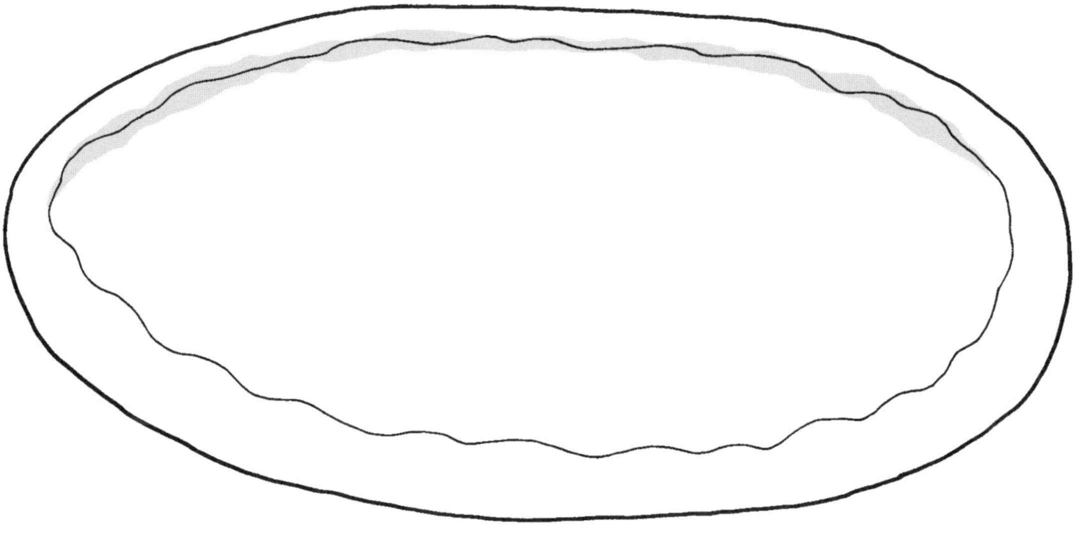

【リスニングチャレンジ17】

Class		Name	

　3しゅるいのパフェに何が入っているか、英語が聞こえてきます。聞こえたじゅんにイラストの下に1～4の数字を書こう。

A　Eri

B　Sayaka

C　Ken

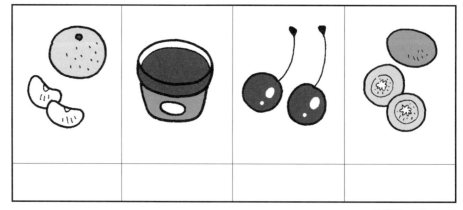

解答例 170 ページ

【リスニングチャレンジ18】

リスニング音声

Class		Name	

① 英語を聞いて、A、B、Cの３人がそれぞれどのジュースをえらぶか、（　　）にアルファベットを書こう。

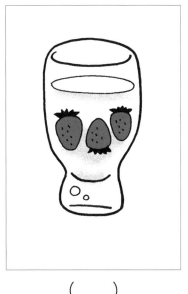
（　　）

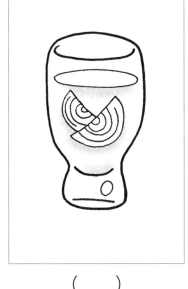
（　　）

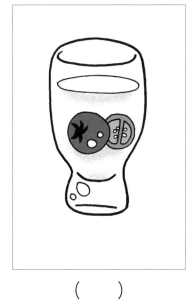
（　　）

② 英語を聞いて、A、B、Cの３人がそれぞれどのパフェをえらぶか、（　　）にアルファベットを書こう。

（　　）

（　　）

（　　）

74 学校クイズに答えよう

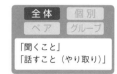

「聞くこと」
「話すこと（やり取り）」

ⒶⒷ◯ ねらい

○教室の中にある物や教室の一部の写真を見て、それが何で、どこの教室かを考えて発表することを通して教室の言い方に慣れ親しむ

ⒶⒷ◯ 準備

●教室や学校にあるものの写真

ⒶⒷ◯ 進め方

準備活動

下にあるイラストなどを参考に教室や学校にあるものについて聞いて指でポイントするListen & Touchを行う。

活動

①あらかじめ校内の教室について、その全体や教室の一部、教室の中にある物などの写真を撮っておく。

②写真のデータを画面に映す。まず、教室内にある物や教室の一部を映し出し、

This is my favorite place.　What's this?　Microscope?　A violin?　Books?　A computer?　What room? Music room?　Library?　Computer room?　などと尋ねる。

③児童の答えやつぶやきを拾いながら、反応し、教室名の言い方に慣れさせる。

Ss：Notebook?　　　T：No. It's not a notebook.
Ss：Textbook?　　　T：Sorry. It's not a textbook.
Ss：Picturebook.　　T：Yes. They are picturebooks.　This is my favorite place.
Ss：Library.　　　　T：Correct. This is a library.

教室の例

music room

gym

library

science room

lunch room

ground

computer room

学校にあるものの例

piano

xylophone

violin

microscope

test tube

beaker

basketball hoop

sand box

swing

slide

dish

book

picture book

dictionary

PC

mouse

tablet

spoon fork

tube paint

crayon

75 My Town ★発展

ねらい

○町にあるいろいろな場所や建物・乗り物についての語彙に、音声を聞きながら慣れ親しむ

準備

●My Townシート（児童分）

進め方

活動

①手元にMy Townシートを渡し、どんなものが描かれているかをよく見させる。英語で何と言うか知っているものがあれば答えさせてもよい。

②シート上の①から㉚について、その順に英語が聞こえてくることを伝える。教師による読み上げを聞きながら、①から順番にポイントさせていく。数が多いので、様子を見ながら進めるようにするとよい。

③慣れてきたら、教師がランダムに言う英語を聞いてイラストをポイントさせる。できるようなら教師の後について言いながらポイントさせてもよい。

① Police station, ② Library, ③ Fire station, ④ Museum, ⑤ Post office, ⑥ City hall, ⑦ Hospital, ⑧ Bank,
⑨ Subway station, ⑩ Train station. ⑪ Parking lot. ⑫ Discount store. ⑬ Fire fighters. ⑭ Police officers.
⑮ Zoo, ⑯ Bakery, ⑰ Flower shop, ⑱ Amusement park. ⑲ Bookstore. ⑳ Movie theater,
㉑ Chinese restaurant, ㉒ Soccer stadium, ㉓ Airplane, ㉔ Dump truck, ㉕ Airport, ㉖ Tunnel, ㉗ Bridge,
㉘ Beach, ㉙ Your school, ㉚ Your house.

My Townシート

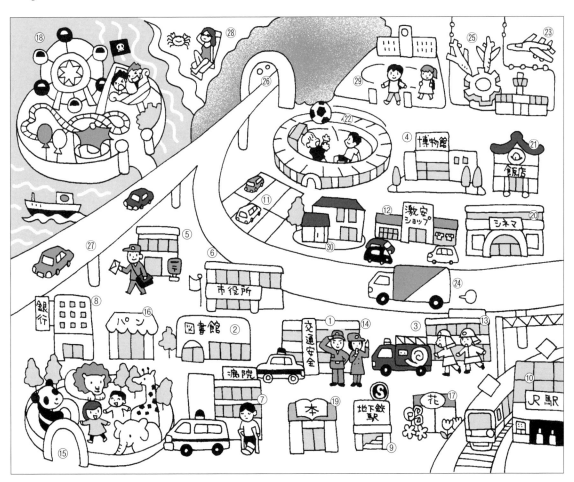

76 あなたは町のデザイナー

相手が完成させた地図を推測しながら、場所の名前やWhere is…? の表現に
親しむ活動です。

「聞くこと」
「話すこと（やり取り）」

🅐🅑🅒 ねらい

○発話された英語を聞き取り、相手の町の様子を推測する
○Do you have _____ ?の表現に慣れる

🅐🅑🅒 準備

●ワークシート（p.133）

🅐🅑🅒 進め方

【準備活動】
　町の建物や場所についての表現を思い出させる。

【活動】
①児童に自分の好きな町を作ることを伝える。まず自分の家をワークシート🅐〜🅔の空欄（左側）の好きなところに描き込む。6つの地図記号（⊗ 警察署、Y 消防署、⊞ 病院、🏣 郵便局、✖ 学校、◎ 市役所）から好きな記号を4つ選んで描き込む。
②ペアになり、交互に4回質問をして、相手が何を描き込んだかを絞り込ませる。
　例　S1：Do you have a police station?　　S2：No, I don't.
③相手が描き込んだと思われるものをどこに配置したかを推測し、枠の右側に記号を描き込む。
　※ALTがいる場合は、地図を拡大したものを黒板に貼り、進め方が児童にわかるようにデモンストレーションをやってみせます。
④お互いに見せ合って、どちらがより当たっていたかを確認する。

ここが
ポイント

●児童の個性や創造性を生かした町づくりを
　地図記号を選んで描き込ませる際に、自分にとって住みやすい町をつくることをすすめます。そして、相手の町のどこに何があるかを当てる際は、相手の気持ちになること、相手の性格から判断することを伝えます（例：早起きが苦手な子なら、自宅の近くに学校を描くなど）。
●ユニークな発想を引き出して、児童が相手に興味を持てるような活動に
　時間があれば、児童の代表と教師やALTで勝負をしてみましょう。配置の理由や1つ余るところに入れたものなども聞くと、おもしろい理由づけやアイディアが出てきたりします。ユニークな発想が出ると、いろいろな友達の発想をもっと知りたくなり、聞く態度も変わってきます。内容についても、ほめてあげることを忘れないようにしましょう。

「あなたは町のデザイナー」ワークシート

Class		Name	

77 地図博士になろう（初級編）

英語のヒントを聞き取り、該当する場所を指さす活動です。

ねらい
○教師が発話する地名に関する英語表現に慣れ親しむ

準備
●社会科で使う地図帳（日本地図）

進め方

活動

①日本地図や世界地図を開かせて、教師の発話（ヒント）を聞いて、わかった時点でその場所を指でさすように指示する。

※ヒントの例文は、ジェスチャーをしながら与えます。

※地名は、既習のものや有名な場所を使用するようにします。

※ヒントを言った時点で児童からOsaka! など挙がる場合はYes! where's Osaka? などやりとりしながら進めてもよいでしょう。

例　T：This is my favorite place.

T：It is in Kansai. Universal Studios Japan is there. Where's Osaka?

T：It is in Kyusyu. Mt. Aso is there. Where's Kumamoto?

T：It is in Tohoku. It is in Iwate prefecture, and it's Miyazawa Kenji's birthplace. Where's Hanamaki?

T：It is in Ibaraki prefecture. Natto is the specialty of this city. Where's Mito?

T：It is in Kansai. There are many temples. Todaiji, Kinkakuji, Ginkakuji, etc. Where's Kyoto?

T：It is in Kanto. There is a Chinatown. Where's Yokohama?

T：It is in Shikoku. Sanuki-udon is the specialty of this city. Where's Takamatsu?

②以下のようにご当地キャラクイズにすることもできる。

例　T：Kumamon is the local mascot.（of this prefecture.）Where's Kumamoto?

T：Hikonyan is the local mascot.　Where's Shiga?

T：Meronguma is the local mascot.　Where's Hokkaido?

T：Bari-san is the local mascot.　Where's Ehime?

T：Nebarukun is the local mascot.　Where's Ibaraki?

ここが
ポイント

●ペアで競う活動にするなど、変化をつけて児童が飽きずに続けられる活動に

①でヒントを言うときは、1回目は普通のスピードで、2回目はスピードを落として発話します。また、ペアで1枚の地図を使って行ってもよいでしょう。その場合、ほかのペアとの競争にします。ペアの友達と協力してその場所を見つけたら、その場所をさして、2人いっしょに手を挙げることとします。

78 地図博士になろう（中級編）

特産物などのヒントを聞いて、日本地図からその場所を探します。

ⒶⒷⒸ ねらい

○This prefecture is famous for *Champon*. Where is Nagasaki?の表現に慣れる

ⒶⒷⒸ 準備

●社会科で使う地図帳（日本地図）

ⒶⒷⒸ 進め方

【活動】

① 児童は日本地図を机上に開く。いろいろな地域の特産物などをヒントにして、地図からその都市を探す。誰が最初に探せるかを競う。

※児童が指させたら、Yes. It's Nagasaki. Nagasaki is in Kyusyu.などと答えの確認をするようにしましょう。

例　T：1．This prefecture is famous for *Champon*.
　　　　　This prefecture is also famous for *Kasutera*.
　　　　　Where is Nagasaki?

　　T：2．This prefecture is famous for *Okonomiyaki*.
　　　　　This prefecture is also famous for *Momiji manjyu*.
　　　　　Where is Hiroshima?

　　T：3．*Saigo-san* is from this prefecture.
　　　　　Sakurajima is in this prefecture.
　　　　　Where is Kagoshima?

　　T：4．This prefecture is famous for *Takoyaki*.
　　　　　The Tigers are the local baseball team.
　　　　　Where is Osaka?

　　T：5．*Crayon Shinchan* lives in this prefecture.
　　　　　This prefecture is famous for *Sokasenbei*.
　　　　　Where is Saitama?

　　T：6．This prefecture is famous for Peanuts.
　　　　　Disneyland is in this prefecture.
　　　　　Where is Chiba?

　　T：7．This prefecture is very cold in winter.
　　　　　This prefecture is famous for Apples.
　　　　　Where is Aomori?

　　T：8．This prefecture is famous for Butter.
　　　　　This prefecture is also famous for Potatos.
　　　　　Where is Hokkaido?

② グループになり、順番で都市の場所を聞き合う。

例　S1：Where is Kobe?
　　S2：It's here.
　　※グループで児童同士が行う場合は、ヒントなしで行います。
　　S2：Hint, please.
　　S1：It's in Kansai.
　　※難しい場合は、ヒントを求めてもよいこととします。

This prefecture is famous for Champon. Where is Nagasaki?

Here!

ここ！

ここが
ポイント

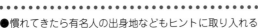

●慣れてきたら有名人の出身地などもヒントに取り入れる

　児童によって、ヒント1つだけで答えられたり、すべてのヒントを最後まで聞くことで答えられたりと、能力に差があっても取り組むことができる活動です。簡単すぎると取り組みが鈍くなることがありますから、②の活動では、時間があれば人気のアイドルやアスリートの出身などをヒントとして、自由にいろいろ挙げてよいことにします。

【リスニングチャレンジ19】

Class		Name	

①〜③の英語を聞いて、それぞれのお気に入りの場所がどれか、（　　　）に数字を書こう。

（　　　　　　）

（　　　　　　）

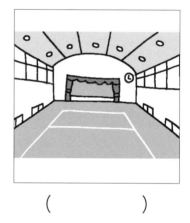

（　　　　　　）

解答例 171 ページ

【リスニングチャレンジ20】

Class		Name	

下の絵をよく見てから、①〜⑪の英語の文をよく聞こう。会話をしている子どもたちが町のどこにいるのかさがして、絵の中の当てはまる□の中に数字を書きこもう。

解答例 **172ページ**

137

79 「時間ですよ」ゲーム

♪Get Up!

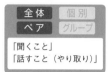

全体　個別
ペア　グループ

「聞くこと」
「話すこと（やり取り）」

(AB) ねらい

○時刻や動作、日課を表す表現に慣れ親しむ

(AB) 準備

●ワークシート（p.139）
●♪*Get Up!*

(AB) 進め方

準備活動

　ワークシートを配付する。復習として、教師が動作を表す英語を言い、児童に当てはまるイラストをポイントさせて表現の確認をする。♪*Get Up!* を聞かせて当てはまるイラストがあればポイントさせたり歌わせたりしてもよい。

活動

①ワークシートを見て、自分がだいたい毎日行う日課について、30分単位で時刻を記入させる。全部に記入しなくてよい。

②教師が時刻を言う。児童はその時刻に行うことを英語で言いながらジェスチャーをする。教師は児童の表現を聞いて反応したりインタラクションを行ったりする。また、その時刻に教師自身がすることについて児童に予想させてから英語で言う。

例　Ｔ：It's 7:00 a.m.
　　S1：I have breakfast.（食べるジェスチャーをしながら言う）
　　S2：I go to school.（ランドセルを背負うジェスチャーをしながら言う）
　　Ｔ：S2さん、You go to school at 7:00 a.m. It's early! I go to school...at 7:30 a.m.

　　Ｔ：It's 8:00 p.m.
　　S3：I do my homework.（勉強するジェスチャーをしながら言う）
　　S4：I take a bath.（お風呂に入っているジェスチャーをしながら言う）
　　Ｔ：S4さん、you take a bath at 8:00 p.m. I usually... have dinner at 8:00 p.m.

「『時間ですよ』ゲーム」ワークシート

Class		Name	

get up.
(　　　：　　　)

wash my face.
(　　　：　　　)

have breakfast.
(　　　：　　　)

brush my teeth.
(　　　：　　　)

leave my house.
(　　　：　　　)

go to school.
(　　　：　　　)

go home.
(　　　：　　　)

watch TV.
(　　　：　　　)

have dinner.
(　　　：　　　)

do my homework.
(　　　：　　　)

take a bath.
(　　　：　　　)

go to bed.
(　　　：　　　)

80 アフレコにチャレンジ

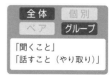

「聞くこと」
「話すこと（やり取り）」

ジェスチャーを見て時刻を答える活動です。

ねらい
○日課や時刻を表す表現に慣れ親しむ

準備
●ワークシート（p.141）

進め方

活動

①ワークシート上の動作や時刻の表現を復習する。
②教師がジェスチャーを見せ、ワークシートの英語の表現と時刻に合わせて児童が発話する。
　　例　朝の伸びをするジェスチャーをする
　　　　S：It's 6:10 a.m.　I get up.

---

81 先生の日課クイズ

「聞くこと」
「話すこと（やり取り）」

先生の日課を聞いてクイズに答える活動です。

ねらい
○日課や時刻を表す表現に慣れ親しむ

準備
●学校の先生方の日課についてインタビューしておく

進め方

活動

①学校の先生方の日課をあらかじめ聞いてメモを作っておく。
②教師（HRT）やALTがその先生になりきって以下のように話し、どの先生のことか児童に当てさせる。
　　例　（1）ある先生の日曜日
　　　　　H：What time is your "Wake-up Time"?
　　　　　　　（At）7:00?（At）7:30?
　　　　　A：I wake up at 9:00.
　　　　　　　I have rice and natto for breakfast.
　　　　　H：What time is your lunch time?
　　　　　A：I eat lunch at 1:00 p.m.
　　　　　　　I eat snack at 3:00 p.m.
　　　　　　　I like *dorayaki* very much.
　　　　　H：What time is your bed time?
　　　　　A：My bed time is at 10:00 p.m.　Who am I?
　　例　（2）ある先生の月曜日
　　　　　A：What time do you wake up?
　　　　　H：I wake up at 7:00 a.m.
　　　　　A：What time is your lunch time?
　　　　　H：I eat lunch at 12:30 in the classroom.
　　　　　A：What time is your bed time?
　　　　　H：My bed time is at 11:00.　Who am I?

「アフレコにチャレンジ」ワークシート

I get up.

6:10 a.m.

I change my clothes.

7:10 a.m.

I wash my face.

6:11 a.m.

I go to school.

7:30 a.m.

I brush my teeth.

6:13 a.m.

I go home.

5:00 p.m.

I put away my *futon*.

6:15 a.m.

I do my homework.

6:30 p.m.

I have breakfast.

6:20 a.m.

I have dinner.

7:00 p.m.

I take out the garbage.

7:00 a.m.

I go to bed.

10:00 p.m.

【リスニングチャレンジ21】

Class		Name	

①～⑫の英語を聞いて、当てはまる内容の下に時こくを書きこもう。

① get up
(:)

② wash my face
(:)

③ brush my teeth
(:)

④ put away my *futon*
(:)

⑤ have breakfast
(:)

⑥ change my clothes
(:)

⑦ take out the garbage
(:)

⑧ go to school
(:)

⑨ go home
(:)

⑩ have dinner
(:)

⑪ do my homework
(:)

⑫ go to bed
(:)

解答例 173 ページ

【リスニングチャレンジ22】

Class		Name	

①〜③の英語を聞いて、だれの1日かを考え、（　　）の中に数字を書こう。

A　（　　）

B　（　　）

C　（　　）

ビンゴシート（3×3）

Class		Name	

ビンゴシート（４×４）

Class		Name	

12ページ

04 世界のあいさつ　で使用

♪Hello From The World

Hello.　Bonjour.　Hola.　你好。
สวัสดีค่ะ　안녕하십니까？　Guten Tag.
Здравствуйте.　こんにちは。　नमस्ते

Goodbye.　Au revoir.　Adios.　再见。
ลาก่อน ครับ　안녕히 계세요．　Auf Wiedersehen.
Досвидания．さようなら。　नमस्ते

Hello.　Goodbye.　Bonjour.　Au revoir.
Hola.　Adios.　你好。　再见。
Goodbye.　Au revoir.　Adios.　再见。

Jambo!　Aloha.　Buon giorno.
Magandang hapon.　Hello!　สวัสดีค่ะ
こんにちは。　你好。　Bonjour.

안녕히 계세요．　Досвидания．　नमस्ते
Ĝis revido.　再见。　See you again!　さようなら。

See you again!
See you!　　See you again!
See you!　　See you again!

※「こんにちは」
ハロー。(英)　ボンジュー。(仏)　オラ。(西)　ニーハオ。(中)
サワディーカッ。(泰：女性)　アンニョンハシムニカ。(韓・朝)　グーテンターク。(独)
ズドラストビーチェ。(露)　こんにちは。(日)　ナマステ。(印)
※「さようなら」
グッバイ。(英)　オボワー。(仏)　アディオス。(西)　ザイジェン。(中)
ラーコンクラッ（プ）。(泰：男性)　アンニョンヒゲセヨ。＊(韓・朝)＊残る人へ去る人が言う言い方　アウフヴィーダーゼン。(独)
ダスヴィダーニャ。(露)　さようなら。(日)　ナマステ。(印)

ハロー。　グッバイ。　ボンジュー。　オボワー。
オラ。　アディオス。　ニーハオ。　ザイジェン。
グッバイ。　オボワー。　アディオス。　ザイジェン。
※いろいろな「こんにちは」
ジャンボ！(ケニア)　アロハ。(ハワイ)　ブオンジョルノ。(伊)
マガンダンハポン。(比)　ハロー！(英)　サワディーカッ。(泰)
こんにちは。(日)　ニーハオ。(中)　ボンジュー。(仏)
※いろいろな「さようなら」
アンニョンヒゲセヨ。(韓・朝)　ダスビダーニャ。(露)
ナマステ。(印)
ジスレヴィード。(エスペラント語)　ザイジェン。(中)
シーユーアゲイン！　さようなら。

また会う日まで！
またね！　またね！
また会いましょう！

14ページ
18ページ

05 ジェスチャーゲーム
08 Are you hungry?　で使用

♪Are You Hungry?（おなかすいてる？）

Are you sleepy?　Yes, I am.
Are you hungry?　No, I'm not.
Are you angry?　Yes, I am!
Are you happy?　Yes, I am!

Are you sad?　Yes, I am.
Are you surprised?　Yes, I am!
Are you hot?　No, I'm not.
Are you cold?　Yes, I am. I'm cooooold!!

眠いの？　　うん、眠いんだ。
おなかすいてる？　　ううん、すいてないよ。
怒ってるの？　　ああ、怒ってる！
うれしい？　　うん、すっごくうれしい！

悲しいの？　　ええ、悲しいわ。
驚いた？　　ええ、すっごく！
暑い？　　いいえ、暑くないわ。
寒いの？　　ええ、すっごくさむーい！！

【リスニングチャレンジ 1】 で使用

① I'm sad. I dropped my ice cream.
② I'm sleepy. It's eleven p.m.
③ I'm hungry. I want to eat a rice ball.
④ I'm happy. I got a lot of birthday presents.
⑤ I'm fine. I drink energy drinks.
⑥ I'm cold. It's snowing.
⑦ I'm angry at the naughty cat.
⑧ I'm tired from running a marathon.
⑨ I'm hot. It's sunny.

① 悲しい。アイス落としちゃった。
② ねむい。夜の 11 時だよ。
③ お腹すいた。おにぎり食べたい。
④ うれしい。誕生日プレゼントたくさんもらった。
⑤ 元気だよ。栄養ドリンク飲んだ。
⑥ さむい。雪ふってる。
⑦ いたずらなあの猫には頭にくる。
⑧ マラソン走ったから疲れたよ。
⑨ あつい。天気良いね。

【リスニングチャレンジ 2】 で使用

I'm happy.
I'm cold.
I'm good.
I'm tired.
I'm hungry.
I'm angry.
I'm sleepy.
I'm sad.
I'm hot.

わたしは幸せ。
わたしは寒い。
わたしは大丈夫。
わたしは疲れている。
わたしはおなかが空いている。
わたしは怒っている。
わたしは眠い。
わたしは悲しい。
わたしは暑い。

09 数字で遊ぼう　**11** 数字ビンゴ　**17** 数字クイズ　で使用

♪One,Two,Three（1 から100）

1
One,two,three,four,five,six,seven,eight,nine,ten.
One,two,three,four,five,six,seven,eight,nine,ten.
Eleven,twelve,thirteen tomatoes.
Eleven,twelve,thirteen tomatoes.(Wooo, tomatoes!)

1
1、2、3、4、5、6、7、8、9、10。
1、2、3、4、5、6、7、8、9、10。
11、12、13 個のトマト。
11、12、13 個のトマト。（13 個のトマト！）

2
One,two,three,four,five,six,seven,eight,nine,ten.
One,two,three,four,five,six,seven,eight,nine,ten.
Twenty,thirty,forty gorillas.
Twenty,thirty,forty gorillas.(Wooo, gorillas!)

2
1、2、3、4、5、6、7、8、9、10。
1、2、3、4、5、6、7、8、9、10。
20、30、40 頭のゴリラ。
20、30、40 頭のゴリラ。（40 頭のゴリラ！）

3
One,two,three,four,five,six,seven,eight,nine,ten.
One,two,three,four,five,six,seven,eight,nine,ten.
Fifty,sixty,seventy flamingoes.
Fifty,sixty,seventy flamingoes.(Wooo, flamingoes!)

3
1、2、3、4、5、6、7、8、9、10。
1、2、3、4、5、6、7、8、9、10。
50、60、70 匹のフラミンゴ。
50、60、70 匹のフラミンゴ。（70 匹のフラミンゴ！）

4
One,two,three,four,five,six,seven,eight,nine,ten.
One,two,three,four,five,six,seven,eight,nine,ten.
Eighty,ninety,a hundred hippos.
Eighty,ninety,a hundred hippos.(Wooo, hippos!)

4
1、2、3、4、5、6、7、8、9、10。
1、2、3、4、5、6、7、8、9、10。
80、90、100 頭のカバ。
80、90、100 頭のカバ。（100 頭のカバ！）

14 アメリカの小学生の算数ゲーム で使用

♪1＋2＝3（英語で数えよう）

1	1
1+2=3(One plus two is three.)	1たす2は3
3+4=7(Three plus four is seven.)(Yes,it's seven!)	3たす4は7（そう、7です！）
7+2=○ (Seven plus two is ...)	7たす2は？
9+2=○ (Nine plus two is ...)(Good!)	9たす2は？（よくできました！）
2	2
10－2=8(Ten minus two is eight.)	10ひく2は8
12－3=9(Twelve minus three is nine.)(Yes,It's nine!)	12ひく3は9（そう、9です！）
8－6=○ (Eight minus six is ...)	8ひく6は？
13－5=○ (Thirteen minus five is ....)(Super!)	13ひく5は？（すばらしい！）
3	3
2×2=4(Two times two is four.)	2かける2は4
4×2=8(Four times two is eight.)(Terrific!)	4かける2は8（やったね！）
5×2=○ (Five times two is ...)	5かける2は？
3×3=○ (Three times three is ...)(Yeah!!)	3かける3は？（イエイ！）

16 何匹いるかな？ で使用

♪How Many?（数えてみよう）

1
How many lions in the zoo?
Let's count the lions in the zoo.
I see one, I see two,
　　three, four, five, six, seven lions,
Watching TV on the hill.

1
動物園にライオンは何頭？
ライオンを数えてみよう。
1頭、2頭、
　3、4、5、6、7頭のライオン。
丘の上でテレビを見てる。

2
How many monkeys in the tree?
Let's count the monkeys in the tree.
I see one, I see two,
　○○○○ six monkeys,
Singing *Ryukyu* songs in the tree. * *Ryukyu*: 琉球（沖縄）の

2
木にサルは何匹？
木のサルを数えてみよう。
1匹、2匹、
　・・・・・・・・6匹のサル。
木で沖縄の歌を歌ってる。

3
How many birds in the pond?
Let's count the birds in the pond.
I see one, I see two,
　○○○○ eight birds,
Swimming in the pond, in the pond, in the pond.

3
池の中に鳥は何羽？
池の鳥を数えてみよう。
1羽、2羽、
　・・・・・・・・8羽の鳥。
池の中で泳いでる、池の中で。

29ページ

【リスニングチャレンジ3】 で使用

① There are twelve ants. They are playing volleyball.
② There are two snails. They are jogging on the road.
③ There are ten acorns on the table.
④ There are four pigs. They are playing ping-pong.
⑤ There are five fish. They are swimming in the pond.
⑥ There are eleven bees. They are flying in a line.
⑦ There are two snakes. They are singing on the bench.
⑧ There are four beetles. They are climbing up the tree.
⑨ There are seven monkeys under the tree.
⑩ There are six frogs. They are sleeping under the table.
⑪ There are three UFOs. They are flying in the sky.
⑫ There are thirteen stars in the sky.
⑬ There are five ladybugs. They are playing basketball.
⑭ There are three horses. They are eating carrots.
⑮ There are two dogs. They are eating bones.

① アリが12匹います。彼らはバレーボールをしています。
② カタツムリが2匹います。彼らは道をジョギングしています。
③ 10個のドングリがテーブルの上にあります。
④ ブタが4匹います。彼らは卓球をしています。
⑤ 魚が5匹います。彼らは池で泳いでいます。
⑥ ハチが11匹います。彼らは一列になって飛んでいます。
⑦ ヘビが2匹います。彼らはベンチの上で歌っています。
⑧ カブトムシが4匹います。彼らは木にのぼっています。
⑨ 7匹のサルが木の下にいます。
⑩ カエルが6匹います。彼らはテーブルの下でねむっています。
⑪ ＵＦＯが3機います。彼らは空を飛んでいます。
⑫ 13個の星が空にあります。
⑬ てんとうむしが5匹います。彼らはバスケットボールをしています。
⑭ ウマが3頭います。彼らはニンジンを食べています。
⑮ 犬が2匹います。彼らは骨を食べています。

30ページ　　66ページ

19 チャンツリレー・ゲーム　**38** 動物すごろく　で使用

♪Animal Chant（いろいろな動物）

elephant(elephant) gorilla(gorilla)
alligator(alligator) hippo*(hippo)
*hippo:hippopotamus の省略形

ゾウ、ゴリラ、
ワニ、カバ

rabbit(rabbit)　cow(cow)
pig(pig)　　chicken(chicken)

ウサギ、ウシ、
ブタ、ニワトリ

duck(duck)　dolphin(dolphin)
penguin(penguin) turtle(turtle)

アヒル、イルカ、
ペンギン、カメ

mouse(mouse)　snail(snail)
spider(spider)　snake(snake)

ネズミ、カタツムリ、
クモ、ヘビ

35ページ

【リスニングチャレンジ4】 で使用

① Dogs like bones.
② Ants like sugar.
③ Penguins like fish.
④ Monkeys like bananas.
⑤ Bears like honey.
⑥ Rabbits like carrots.
⑦ Cows like grass.

① 犬は骨が好き。
② アリは砂糖が好き。
③ ペンギンは魚が好き。
④ サルはバナナが好き。
⑤ クマははちみつが好き。
⑥ ウサギはニンジンが好き。
⑦ ウシは草が好き。

36ページ

22 **直感・やまかんゲーム** で使用

♪My Name Is Erika（はじめまして）

1
Girl:Hello! My name is Erika.
Girl & Boy:Nice to meet you.
Boy:Do you like cats?
Girl:Yes, I do. Yes, I do.

2
Boy:Hello! My name is Takuya.
Boy & Girl:Nice to meet you.
Girl:Do you like frogs?
Boy:No, I don't. No, I don't.

1
女の子：こんにちは！　私の名前はエリカです。
女の子＆男の子：はじめまして。
男の子：ネコは好き？
女の子：うん、好き。

2
男の子：こんにちは！　ぼくの名前はタクヤ。
男の子＆女の子：はじめまして。
女の子：カエルは好き？
男の子：ううん、好きじゃないよ。

42ページ

【リスニングチャレンジ５】　で使用

① I like pizza. / I like koalas. / I like candy.
② I like spaghetti. / I like volleyball. / I like hamburgers.
③ I like bread. / I like tuna. / I like coffee.
④ I like onions. / I like books. / I like juice.
⑤ I like chocolate. / I like cakes. / I like flowers.

① わたしはピザ／コアラ／キャンディーが好き。
② わたしはスパゲティー／バレーボール／ハンバーガーが好き。
③ わたしはパン／マグロ／コーヒーが好き。
④ わたしはタマネギ／本／ジュースが好き。
⑤ わたしはチョコレート／ケーキ／花が好き。

43ページ

【リスニングチャレンジ６】　で使用

① Hello. My name is Miho. Nice to meet you.
I like fruit. Do you like fruit?
Yes. I like grapes.

② Hello. My name is Ken. Nice to meet you.
I like tea. Do you like tea?
Yes. I like Japanese tea.

③ Hello. My name is Lisa. Nice to meet you.
I like noodles. Do you like noodles?
Yes. I like spaghetti.

④ Hello. My name is Kosuke. Nice to meet you.
I like dogs. Do you like dogs?
No. I don't like dogs. I like fish.

⑤ Hello. My name is Sayaka. Nice to meet you.
I like turtles. Do you like turtles?
No. I don't like turtles. I like snakes.

⑥ Hello. My name is Takahiro. Nice to meet you.
I like sports. Do you like sports?
No. I don't like sports. I like music.

⑦ Hello. My name is Akira. Nice to meet you.
I like swimming. Do you like swimming?
No. I don't like swimming. I like doing karate.

① こんにちは。わたしの名前はミホ。はじめまして。
わたしは果物が好き。あなたは果物が好き？
うん。ぼくはブドウが好き。

② こんにちは。ぼくの名前はケン。はじめまして。
ぼくはお茶が好き。きみはお茶が好き？
うん。わたしは日本茶が好き。

③ こんにちは。わたしの名前はリサ。はじめまして。
わたしはめん類が好き。あなたはめん類が好き？
うん。ぼくはスパゲッティーが好き。

④ こんにちは。ぼくの名前はコースケ。はじめまして。
ぼくはイヌが好き。きみはイヌが好き？
いいえ。わたしはイヌが好きじゃないの。わたしは魚が好き。

⑤ こんにちは。わたしの名前はサヤカ。はじめまして。
わたしはカメが好き。あなたはカメが好き？
いいえ。ぼくはカメが好きじゃない。ぼくはヘビが好き。

⑥ こんにちは。ぼくの名前はタカヒロ。はじめまして。
ぼくはスポーツが好き。きみはスポーツが好き？
いいえ。わたしはスポーツが好きじゃないの。わたしは音楽が好き。

⑦ こんにちは。ぼくの名前はアキラ。はじめまして。
ぼくは水泳が好き。きみは水泳が好き？
いいえ。ぼくは水泳は好きじゃない。ぼくは空手をするのが好き。

48ページ

27 アルファベットをタッチしよう　で使用

♪ABC Song（アルファベット・ソング）

ABCDEFG　HIJKLMN　OPQRSTU　VWXYZ
ABCDEFG　HIJKLMN　OPQRSTU　VWXYZ

A,(A), B,(B), C,(C), D,(D), E,(E). F,(F), G,(G), H,(H), I,(I), J,(J), K,(K), L,(L), M,(M), N,(N), O,(O), P,(P), Q,(Q), R,(R), S,(S), T,(T), U,(U), V,(V), W,(W), X,(X), Y,(Y), Z,(Z). Yeah!

ABCDEFG　HIJKLMN　OPQRSTU　VWXYZ

50ページ

【リスニングチャレンジ7】　で使用

① 　K　It's 11.
② 　G　It's 7.
③ 　T　It's 80.
④ 　W　It's 101.
⑤ 　Z　It's 41.
⑥ 　L　It's 12.
⑦ 　P　It's 40.
⑧ 　U　It's 90.
⑨ 　M　It's 13.
⑩ 　V　It's 100.

① 　K　それは 11 です。
② 　G　それは 7 です。
③ 　T　それは 80 です。
④ 　W　それは 101 です。
⑤ 　Z　それは 41 です。
⑥ 　L　それは 12 です。
⑦ 　P　それは 40 です。
⑧ 　U　それは 90 です。
⑨ 　M　それは 13 です。
⑩ 　V　それは 100 です。

56ページ 57ページ

32 Flag Game　**33** My Flagを作ろう！　で使用

♪I Like Blue（好きな色）

Red,blue,yellow,green.
Black,white,purple,brown.
Pink,orange,silver,gold.
What color do you like best?

I like blue. Red. Green.
I like yellow. Silver. Gold.

赤、青、黄色、緑。
黒、白、紫、茶色。
ピンク、オレンジ、銀色、金色。
何色が一番好き？

青が好き。赤が好き。緑が好き。
黄色が好き。銀色が好き。金色が好き。

【リスニングチャレンジ8】 で使用

① Nozomi, What do you want?
Stars, please.
How many stars do you want?
Two, please.
What do you want?
Two triangles, one heart and one square.

① のぞみさん、何がほしいの？
星形をお願いします。
星形はいくつ欲しいですか？
2つお願いします。
何がほしいの？
三角形が2つ、ハートが1つ、正方形が1つほしいです。

② Miho, What do you want?
Rectangle, please.
How many rectangles do you want?
One, please.
What do you want?
One triangle, one square and one cross.

② ミホ、何がほしいの？
長方形をお願いします。
長方形は何個ほしいですか？
1つお願いします。
何がほしいの？
三角形が1つ、正方形が1つ、十字が1つほしいです。

③ Chie, What do you want?
Diamonds, please.
How many diamonds do you want?
Two, please.
What do you want?
One triangle, two circles and one square.

③ チエ、何がほしいの？
ひし形をください。
ひし形は何個ほしいですか？
2つお願いします。
何がほしいですか？
三角形が1つ、円が2つ、正方形が1つほしいです。

【リスニングチャレンジ9】 で使用

① It's an animal. It's black and white. It's from China.
② It's a fruit. It's big. We eat it in summer.
③ It's an animal. It can swim. It can jump.
④ It's a vegetable. It's orange. Rabbits and horses like it.
⑤ It's in a restaurant. It's a piece of furniture, "Kagu" in Japanese. We sit on it.
⑥ It's an insect, "Mushi" in Japanese. It's small. It can fly.
⑦ It's a vehicle, "Norimono" in Japanese. Astronauts can fly it. It can fly to the moon.
⑧ It's a bird. It can't fly. It says,"Cock-a-doodle-do".

⑨ It's a vegetable. It's round. We eat it with pork cutlets, "Tonkatsu" in Japanese.
⑩ It's a fruit. It's yellow and curved. Monkeys like it.

① それは動物です。黒と白です。中国からきました。
② それは果物です。大きいです。夏に食べます。
③ それは動物です。泳ぎます。ジャンプします。
④ それは野菜です。オレンジ色です。ウサギやウマが好きなものです。
⑤ それはレストランにあります。それは家具の一つです。日本語で「家具」といわれます。私たちはそれに座ります。
⑥ それは昆虫です。日本語で「虫」と言います。小さいです。飛ぶことができます。
⑦ それは乗り物です。日本語で「乗り物」といわれます。宇宙飛行士が操縦します。月まで行くことができます。
⑧ それは鳥です。飛ぶことができません。「コケコッコー」と鳴きます。
⑨ それは野菜です。丸いです。トンカツといっしょに食べます。
⑩ それは果物です。黄色くて曲がっています。サルはそれが好きです。

74ページ
42 歌を聞いて答えよう・答えを歌ってみよう！

74ページ
43 2分の1の確率

77ページ
46 道具と職業マッチングゲーム　で使用

♪Are You A Baker?（仕事は何ですか？）

Are you a baker?　Yes, I am.
Are you a pianist?　No, I'm not.
Are you a dancer?　No, I'm not.
Are you a judge?　Yes, I am.

Are you a scientist?　No, I'm not.
Are you a firefighter?　Yes, I am.
Are you a doctor?　Yes, I am.
Are you a nurse?　No, I'm not.

あなたはパン屋さんですか？　　はい、そうです。
あなたはピアニストですか？　　いいえ、ちがいます。
あなたはダンサーですか？　　いいえ、ちがいます。
あなたは裁判官ですか？　　はい、そうです。

あなたは科学者ですか？　　いいえ、ちがいます。
あなたは消防士ですか？　　はい、そうです。
あなたは医者ですか？　　はい、そうです。
あなたは看護師ですか？　　いいえ、ちがいます。

77ページ
45 Please Touch Your Head　で使用

♪Touch Your Head（さわってごらん）

Touch your head. Touch your nose.
Touch your eyes. Touch your eyebrows.

Touch your mouth. Touch your shoulder.
Touch your elbow. Touch your hand.

Touch your chest. Touch your back.
Touch your stomach. Touch your kness.

Please stand up. Please turn around.
Smile. Please sit down.

Close your eyes. Open your eyes.
Open your mouth.(You look silly.)
Close your mouth. And smile.

頭にタッチして。次は鼻。
（両）目。（両方の）まゆげ。

口にふれてごらん。次は肩。
ひじ。自分の手。

自分のむねにふれてごらん。次は背中。
おなか。（両方の）ひざ。

立ち上がって。後ろを向いて。
笑ってごらん。座って。

（両）目を閉じて。（両）目を開けて。
口を開けて。（それはちょっと変）。
口を閉じて。はい、笑って。

【リスニングチャレンジ10】　で使用

①
I am an animal.
I have a short tail.
I like bamboo.
I am black and white.
Who am I?

①
私は動物です。
しっぽが短いです。
私は竹が好きです。
私は白と黒です。
私はだれ？

②
I am an animal.
I have a long tail.
I like cheese.
I don't like cats.
Who am I?

②
私は動物です。
私は長いしっぽを持っています。
私はチーズが好きです。
私は猫が好きではありません。
私はだれ？

③
I am an animal.
I am very tall.
I have a very long neck.
I am brown and white.
Who am I?

③
私は動物です。
私はとても背が高いです。
私は首がとても長いです。
私は茶色と白です。
私はだれ？

④
I am an animal.
I like carrots.
I have long ears.
My tail is short.
Who am I?

④
私は動物です。
私はニンジンが好きです。
私は耳が長いです。
しっぽが短いです。
私はだれ？

⑤
I am an animal.
I have a long nose.
I am very big and heavy.
I am grey.
Who am I?

⑤
私は動物です。
私は鼻が長いです。
私はとても大きくて重いです。
私は灰色です。
私はだれ？

51 今日の天気です　**52** どの都市の天気かな？　**54** そちらのお天気は？　で使用

♪How Is The Weather?（そちらの天気は？）

1
How's the weather in London? Is it cloudy?
(How's the weather in London? Is it cloudy?)
　Yes, it is. It's cloudy.(Yes, it is. It's cloudy.)

1
ロンドンの天気はどうですか？　くもりですか？
はい、くもりです。

2
How's the weather in New York? Is it sunny?
(How's the weather in New York? Is it sunny?)
　No, it isn't. It's snowy.(No, it isn't. It's snowy.)

2
ニューヨークの天気はどうですか？　晴れていますか？
いいえ、雪が降っています。

3
How's the weather in Taipei? Is it rainy?
(How's the weather in Taipei? Is it rainy?)
　Yes, it is. It's rainy. (Yes, it is. It's rainy.)

3
台北の天気はどうですか？　雨が降っていますか？
はい、雨が降っています。

4
How's the weather in Paris? Is it snowy?
(How's the weather in Paris? Is it snowy?)
　Yes, it is. It's snowy. (Yes, it is. It's snowy.)

4
パリの天気はどうですか？　雪が降っていますか？
はい、雪が降っています。

91ページ

【リスニングチャレンジ11】　で使用

〈Step1〉
① It's hot. It's sunny in Saga.
② We need umbrellas today. It's rainy in Okinawa.
③ Frogs are happy today. It's rainy in Ishikawa.
④ It's cold. It's snowy in Hokkaido.
⑤ I like this weather. It's cloudy and cool in Kanagawa.

〈Step2〉

〈Step3〉
　How's the weather in Saga?
　How's the weather in Ishikawa?
　How's the weather in Okinawa?
　How's the weather in Kanagawa?
　How's the weather in Hokkaido?

〈Step1〉
① 暑いです。佐賀県は晴れています。
② 今日は傘が必要です。沖縄県は雨です。
③ 今日はカエルがしあわせです。石川県は雨です。
④ 寒いです。北海道は雪です。
⑤ 私はこの天気が好きです。神奈川県はくもっていてすずしいです。

〈Step2〉

〈Step1〉と同文

〈Step3〉
　佐賀県はどんなお天気ですか？
　石川県はどんなお天気ですか？
　沖縄県はどんなお天気ですか？
　神奈川県はどんなお天気ですか？
　北海道はどんなお天気ですか？

96ページ

【リスニングチャレンジ12】　で使用

〈Step1〉
① I like Tuesday.　We play soccer every Tuesday.
② Ms.Yoshimura comes to school every Friday.
③ I don't like Monday. /　Me, neither.
④ I like Sunday.　We don't have school.
⑤ We have club activities on Wednesday.
⑥ We have five classes on Thursday.
⑦ I have a piano lesson on Saturday.

〈Step2〉
　It will be snowy on Tuesday.
　It will be rainy on Friday.
　It will be cloudy on Saturday.
　It will be sunny on Sunday.
　It will be cloudy on Monday.
　It will be rainy on Thursday.
　It will be sunny on Wednesday.

〈Step1〉
① 私は火曜日が好き。毎週火曜日にサッカーをするから。
② 吉村先生は、毎週金曜日に学校にきます。
③ わたし、月曜日は好きじゃない。／　ぼくも。
④ わたしは日曜日が好き。学校がないから。
⑤ 水曜日にクラブ活動があります。
⑥ 木曜日に５つの授業があります。
⑦ ぼくは土曜日にピアノのレッスンがあります。

〈Step2〉
　火曜日は雪でしょう。
　金曜日は雨でしょう。
　土曜日はくもりでしょう。
　日曜日は晴れでしょう。
　月曜日はくもりでしょう。
　木曜日は雨でしょう。
　水曜日は晴れでしょう。

97ページ

【リスニングチャレンジ13】 で使用

① We have a "keisan" test on October 3rd.
② We have a Chorus contest on October 7th.
③ We have a "Kanji" test on October 9th.
④ We have a sports festival on October 13th.
⑤ We have a field trip to Kamakura on October 22nd.
⑥ We have a camp on October 25th.
⑦ Let's go hiking on October 26th.

① 10月3日に「けいさん」のテストがあります。
② 10月7日に合唱コンクールがあります。
③ 10月9日に「漢字」のテストがあります。
④ 10月13日に運動会があります。
⑤ 10月22日に鎌倉へ遠足があります。
⑥ 10月25日にキャンプがあります。
⑦ 10月26日にハイキングに行きましょう。

100ページ

59 何時から始まる? で使用

♪A Week Song（曜日の歌）

1
Sunday, Monday, Tuesday, Wednesday, Thursday, Friday, Saturday, Sunday comes again.
Sunday, Monday, Tuesday, Wednesday, Thursday, Friday, Saturday, There are seven days in a week.

1
日曜日、月曜日、火曜日、水曜日、木曜日、金曜日、土曜日。
また日曜日がやってくる。
日曜日、月曜日、火曜日、水曜日、木曜日、金曜日、土曜日。
1週間は7日間。

2
repeat

2
くりかえし

102ページ　　104ページ　　138ページ

60 毎日すること　**61 リーダーを探せ**　**79「時間ですよ」ゲーム** で使用

♪Get Up!（毎日すること）

Get up, get up.(Get up, get up.)
Wash your face.(Wash your face.)
Brush your teeth.(Brush your teeth.)
Comb your hair.(Comb your hair.)
Have your breakfast.(Have your breakfast.)
Say "Good morning."(Say "Good morning.")

さあ起きて
顔を洗って
歯をみがいて
かみをとかして
朝ごはんを食べなさい
「おはよう」は?

Change your clothes.(Change your clothes.)
Wash your face.(Wash your face.)
Brush your teeth.(Brush your teeth.)
Check your homework.(Check your homework.)
Go to bed.(Go to bed.)
Say "Good night."(Say "Good night.")

服を着がえて
顔を洗って
歯をみがいて
宿題を確認して
さあ寝なさい
「おやすみなさい」は?

【リスニングチャレンジ14】　で使用

① What time do you wake up?
　　At six o'clock in the morning.

② What time do you wash your face?
　　At six ten a.m.

③ What time do you brush your teeth?
　　At six twenty a.m.

④ What time do you have lunch?
　　At twelve ten p.m.

⑤ What time do you take a bath?
　　At eight p.m.

⑥ What time do you go to bed?
　　At nine o'clock in the evening.

① 何時に起きますか？
　　朝の6時です。

② 何時に顔を洗いますか？
　　午前6時10分です。

③ 何時に歯をみがきますか？
　　午前6時20分です。

④ 何時に昼食を食べますか？
　　午後12時10分です。

⑤ 何時にお風呂に入りますか？
　　午後8時です。

⑥ 何時に寝ますか？
　　夜の9時です。

【リスニングチャレンジ15】　で使用

①
　　This is my pencil case.
　　Do you have markers?
　　Yes, I have two markers.
　　Do you have scissors?
　　No, I don't. I have a glue stick.

②
　　This is my pencil case.
　　Do you have markers?
　　No, I don't. I don't have markers.
　　Do you have scissors?
　　Yes, I do. I have a glue stick, too.

③
　　This is my pencil case.
　　Do you have markers?
　　Yes, I have three markers.
　　Do you have a stapler?
　　No, I don't. I have two magnets.

①
　　これは私の筆箱です。
　　マーカーはありますか？
　　はい、マーカーが2本あります。
　　はさみはありますか？
　　いいえ、ありません。私はスティックのりを持っています。

②
　　これは私の筆箱です。
　　マーカーはありますか？
　　いいえ。私はマーカーを持っていません。
　　はさみはありますか？
　　はい、あります。スティックのりも持っています。

③
　　これは私の筆箱です。
　　マーカーはありますか？
　　はい、マーカーが3本あります。
　　ホッチキスはありますか？
　　いいえ、ありません。磁石を2つ持っています。

【リスニングチャレンジ16】　で使用

① o-r-a-n-g-e
② p-e-a-c-h
③ m-e-l-o-n

① オレンジ
② ピーチ
③ メロン

【リスニングチャレンジ17】 で使用

A　Hi, I'm Eri. Here is my favorite parfait. I like melons, pineapples, oranges, and vanilla ice cream.

A　こんにちは、エリです。こちらが私のお気に入りのパフェです。私はメロン、パイナップル、オレンジ、バニラアイスクリームが好きです。

B　Hello, I'm Sayaka. Look at my favorite parfait. I like bananas, apples, strawberries and chocolate.

B　こんにちは、さやかです。私の大好きなパフェを見てください。私はバナナ、リンゴ、イチゴ、チョコレートが好きです。

C　Hi, I'm Ken. This is my favorite parfait. I like kiwi fruits, oranges, cherries, and chocolate ice cream.

C　こんにちは、ケンです。これは私のお気に入りのパフェです。私はキウイフルーツ、オレンジ、チェリー、チョコレートアイスクリームが好きです。

【リスニングチャレンジ18】 で使用

①
A　I don't like apples. I like tomatoes.
B　I don't like cabbages. I like onions.
C　I don't like blueberries. I like strawberries.

①
A　私はリンゴが好きではありません。私はトマトが好きです。
B　私はキャベツが好きではありません。私は玉ねぎが好きです。
C　私はブルーベリーが好きではありません。私はイチゴが好きです。

②
A　I like bananas, apples and cherries.
B　I like bananas, too. I like oranges and ice cream.
C　I like strawberries, apples and bananas.

②
A　バナナ、リンゴ、サクランボが好きです。
B　私もバナナが好きです。オレンジとアイスクリームが好きです。
C　私はイチゴとリンゴとバナナが好きです。

【リスニングチャレンジ19】 で使用

①　Hi, I'm Yuri. This is my favorite place. There are a lot of books in this place. I read a book there.

①　こんにちは、ゆりです。ここは私のお気に入りの場所です。この場所にはたくさんの本があります。そこで本を読みます。

②　Hi, I'm Emi. This is my favorite place. There is a piano in this place. I learn music there.

②　こんにちは、エミです。ここは私のお気に入りの場所です。この場所にはピアノがあります。そこで音楽を習っています。

③　Hi, I'm Kent. This is my favorite place. There is a court there. I play basketball there.

③　こんにちは、ケントです。ここは私のお気に入りの場所です。そこにはコートがあります。そこでバスケットボールをします。

【リスニングチャレンジ20】　で使用

① Look! They look cool! I want to be a police officer.
　I want to be a police officer, too.

② That giraffe is very tall.
　Yes, it is tall. You can see a dancing hippo in this zoo.
　A dancing hippo?

③ Did you try French bread from this bakery?
　No, not yet. Did you?
　Yes, they sell delicious French bread.

④ There is a very good doctor in this hospital. Her name is Dr. Miyazaki.
　Yes, she is very kind.

⑤ Which flower do you like?
　I like the yellow one in the blue bucket.

⑥ They serve a special lunch on Sundays.
　I want to try it.

⑦ Let's go see the Pokemon airplane.
　Isn't it far from here to the airport?

⑧ Why are fire engines red?
　I don't have any idea.
　Let's go to the fire station and ask the firefighters.

⑨ I have to send a letter and buy some stamps.
　Where is the post office?

⑩ I need cash.
　Where is a bank?

⑪ Look at the boy with "Shonen Jump". He is my friend.
　Where is he?
　In the bookstore.

① 見て！　あの人たちかっこいい！　ぼくは警察官になりたい。
　私も警察官になりたい。

② あのキリンはとても背が高いね。
　ええ、背が高いね。この動物園ではおどるカバも見られるよ。
　おどるカバ？

③ このパン屋のフランスパンを食べてみた？
　ううん、まだ。あなたは？
　うん、食べたよ。おいしいフランスパンを売っているよ。

④ この病院にはとても良いお医者さんがいるんだ。名前はみやざき先生。
　ええ、彼女は本当に親切ね。

⑤ どの花が好き？
　青いバケツの中の黄色い花が好き。

⑥ ここは日曜日に特別なランチを出すんだよ。
　試してみたいなあ。

⑦ ポケモンの飛行機を見に行こう。
　ここから空港までは遠いんじゃない？

⑧ なぜ消防車が赤いか知ってる？
　ううん、わからない。
　消防署に行って消防士さんに聞いてみよう。

⑨ 手紙を出して切手を買わなきゃ。
　郵便局はどこかな？

⑩ 現金が必要だ。
　銀行はどこにあるかな？

⑪ 「少年ジャンプ」を持った少年を見て。彼はぼくの友だちだよ。
　どこ？
　本屋さんだよ。

【リスニングチャレンジ21】　で使用

① I get up at six ten.
② I wash my face at six eleven.
③ I brush my teeth at six thirteen.
④ I put away my futon at six fourteen.
⑤ I have breakfast at six fifteen.
⑥ I change my clothes at seven o'clock.
⑦ I take out the garbage at seven ten.
⑧ I go to school at seven twenty.
⑨ I go home at five p.m.
⑩ I finish my dinner at seven o'clock in the evening.
⑪ I do my homework at eight o'clock in the evening.
⑫ I go to bed and dream a wonderful dream at eleven p.m.

① 私は6時10分に起きます。
② 私は6時11分に顔を洗います。
③ 私は6時13分に歯をみがきます。
④ 私は6時14分に布団を片づけます。
⑤ 私は6時15分に朝食をとります。
⑥ 私は7時に着替えます。
⑦ 私は7時10分にゴミ出しをします。
⑧ 私は7時20分に学校に行きます。
⑨ 私は午後5時に家に帰ります。
⑩ 私は夜の7時に夕食を終えます。
⑪ 私は夜の8時に宿題をします。
⑫ 私は午後11時に寝てすばらしい夢を見ます。

【リスニングチャレンジ22】　で使用

①
What time do you wake up?
I wake up at four a.m.
What time is your breakfast time?
I eat breakfast at six a.m.
I like corn and rice.
What time is your bed time?
My bed time is at seven p.m.

①
あなたは何時に起きますか？
私は午前4時に起きます。
朝食の時間は何時ですか？
私は午前6時に朝食を食べます。
私はトウモロコシと米が好きです。
何時に眠りますか？
私は午後7時に眠ります。

②
What time do you wake up?
I wake up at seven a.m.
What time is your lunch time?
I eat lunch at twelve ten p.m. in the classroom.
I like school lunch very much.
What time is your bed time?
My bed time is at eleven p.m.

②
あなたは何時に起きますか？
私は午前7時に起きます。
昼食の時間は何時ですか？
私は教室で12時10分に昼食を食べます。
私は学校の給食がとても好きです。
何時に眠りますか？
私は午後11時に眠ります。

③
What time is your wake-up time?
I wake up at nine p.m.
I like the evening and the moon.
What time is your lunch time?
I don't eat lunch.
I don't like the sun.
What time is your bed time?
My bed time is at five a.m.

③
あなたは何時に起きますか？
私は午後9時に起きます。
夜と月が好きです。
昼食の時間は何時ですか？
私は昼食は食べません。
私は太陽が好きではありません。
何時に眠りますか？
私は午前5時に眠ります。

【リスニングチャレンジ１】の解答例

【リスニングチャレンジ２】の解答例

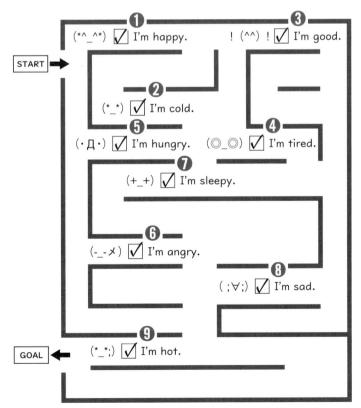

【リスニングチャレンジ３】の解答例

【リスニングチャレンジ４】の解答例

【リスニングチャレンジ5】の解答例

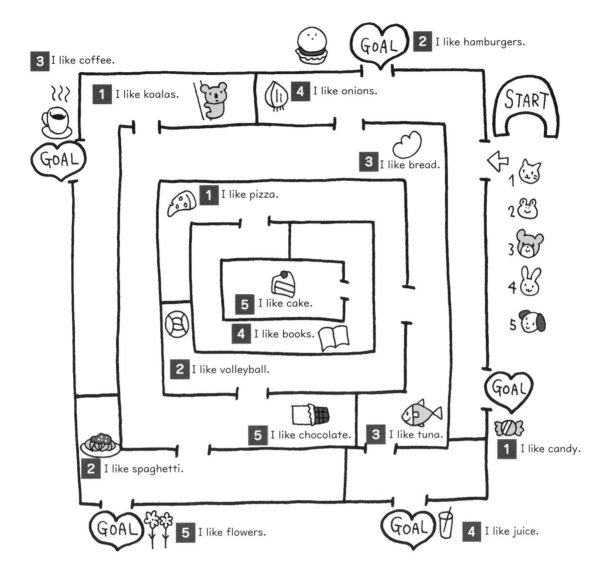

3 I like coffee.

2 I like hamburgers.

1 I like koalas.

4 I like onions.

START

3 I like bread.

1 I like pizza.

5 I like cake.

4 I like books.

2 I like volleyball.

5 I like chocolate.

3 I like tuna.

1 I like candy.

2 I like spaghetti.

5 I like flowers.

4 I like juice.

GOAL

GOAL

GOAL

GOAL

GOAL

1
2
3
4
5

【リスニングチャレンジ6】の解答例

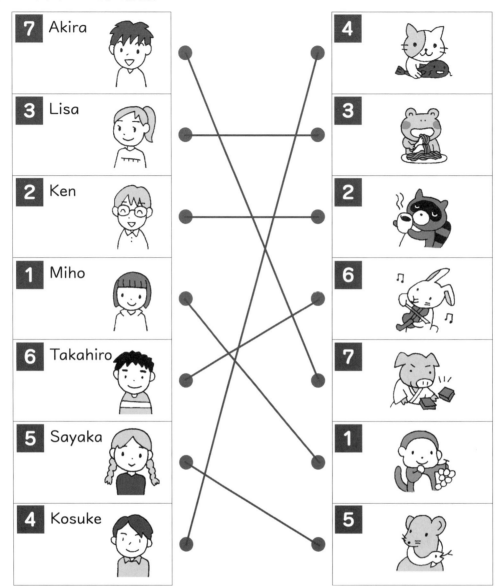

【リスニングチャレンジ7】の解答例

A 1	B 2	C 3	D 4	E 5	F 6	G 7
H 8	I 9	J 10	K 11	L 12	M 13	N 20
O 30	P 40	Q 50	R 60	S 70	T 80	U 90
V 100	W 101	X 21	Y 31	Z 41		

① 11	② 7	③ 80	④ 101	⑤ 41
⑥ 12	⑦ 40	⑧ 90	⑨ 13	⑩ 100

［Fun Time 1：文字にチャレンジ］の解答例

①	②	③	④	⑤
TAXI	UP	DVD	OPEN	SALE

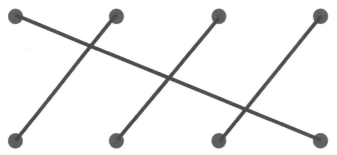

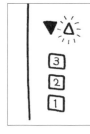    

Ⓐ　　Ⓑ　　Ⓒ　　Ⓓ　　Ⓔ

【リスニングチャレンジ8】の解答例

（**2**）

（**1**）

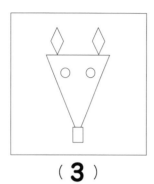

（**3**）

【リスニングチャレンジ9】の解答例

【リスニングチャレンジ10】の解答例

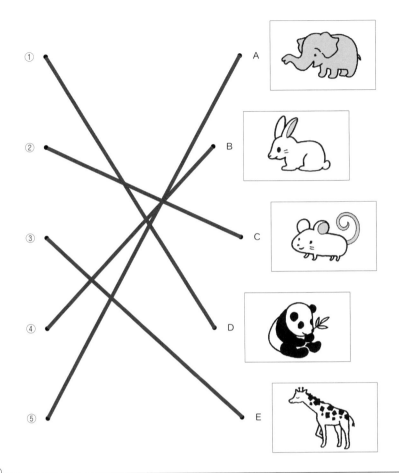

91ページ

【リスニングチャレンジ11】の解答例

	おきなわ 沖縄県	さ が 佐賀県	いしかわ 石川県	か な がわ 神奈川県	ほっかいどう 北海道
Step1 ①〜⑤	②	①	③	⑤	④
Step2	☂	☀	☂	☁	⛄
Step3	It's rainy.	It's sunny.	It's rainy.	It's cloudy.	It's snowy.

天気の絵
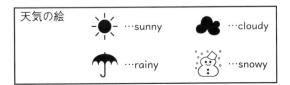

【リスニングチャレンジ12】の解答例

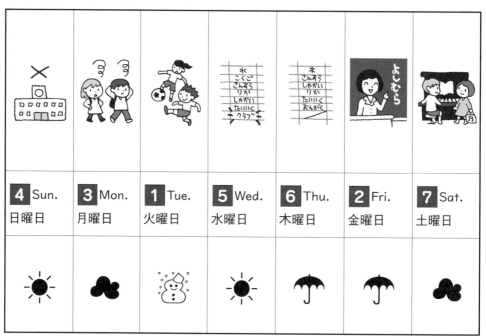

×（学校）	（おしゃべり）	（サッカー）	水 こくご さんすう りか しゃかい たいいく クラブ	木 さんすう しゃかい りか おんがく	よしむら	（月）
4 Sun. 日曜日	**3** Mon. 月曜日	**1** Tue. 火曜日	**5** Wed. 水曜日	**6** Thu. 木曜日	**2** Fri. 金曜日	**7** Sat. 土曜日
☀	☁	⛄	☀	☔	☔	☁

【リスニングチャレンジ13】の解答例

① **F**	② **T**	③ **Th**	④ **M**	⑤ **W**	⑥ **Sa**	⑦ **S**

10月　October

Sun.	Mon.	Tue.	Wed.	Thu.	Fri.	Sat.
			1	2	3	4
5	6	7	8	9	10	11
12	13	14	15	16	17	18
19	20	21	22	23	24	25
26	27	28	29	30	31	

【リスニングチャレンジ14】の解答例

【リスニングチャレンジ15】の解答例

A（**3**）

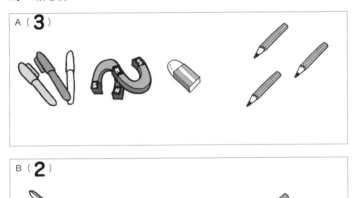

B（**2**）

C（**1**）

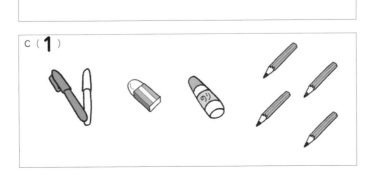

【リスニングチャレンジ16】の解答例

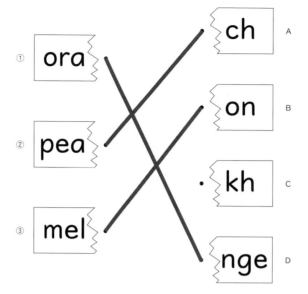

【リスニングチャレンジ17】の解答例

A　Eri

B　Sayaka

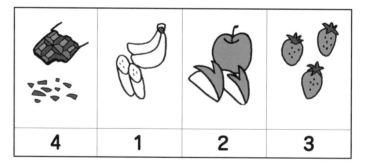

C　Ken

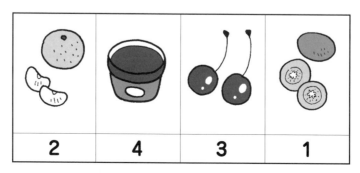

【リスニングチャレンジ18】の解答例

① 英語を聞いて、A、B、Cの3人がそれぞれどのジュースをえらぶか、（　）にアルファベットを書こう。

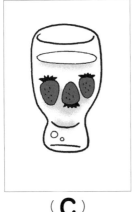  

（ **C** ）　　　　　（ **B** ）　　　　　（ **A** ）

② 英語を聞いて、A、B、Cの3人がそれぞれどのパフェをえらぶか、（　）にアルファベットを書こう。

（ **C** ）　　　　　（ **B** ）　　　　　（ **A** ）

【リスニングチャレンジ19】の解答例

（　②　）　　　　　（　①　）　　　　　（　③　）

【リスニングチャレンジ20】の解答例

【リスニングチャレンジ21】の解答例

① get up
(**6** : **10**)

② wash my face
(**6** : **11**)

③ brush my teeth
(**6** : **13**)

④ put away my *futon*
(**6** : **14**)

⑤ have breakfast
(**6** : **15**)

⑥ change my clothes
(**7** : **00**)

⑦ take out the garbage
(**7** : **10**)

⑧ go to school
(**7** : **20**)

⑨ go home
(**5** : **00**)

⑩ have dinner
(**7** : **00**)

⑪ do my homework
(**8** : **00**)

⑫ go to bed
(**11** : **00**)

【リスニングチャレンジ22】の解答例

（**3**）

（**1**）

（**2**）

〈著者〉

金森　強　　文教大学教授

遠藤　恵利子　　東北学院大学非常勤講師・仙台市小学校教科指導エキスパート

学び、つながり、伝え合う
小学校英語アクティビティ集

2024 年 2 月 20 日　第 1 刷発行

著　者　　金森　強　　遠藤　恵利子

発行者　　伊東　千尋

発行所　　教 育 出 版 株 式 会 社

〒135-0063　東京都江東区有明 3-4-10　TFT ビル西館
電話　03-5579-6725　振替　00190-1-107340

印刷　藤原印刷
製本　上島製本

ISBN978-4-316-80448-4　C3037